数实融合

数字经济赋能传统产业转型升级

张晓燕　张方明◎著

图书在版编目（CIP）数据

数实融合：数字经济赋能传统产业转型升级 / 张晓燕，张方明著. —北京：中国经济出版社，2022.6

ISBN 978-7-5136-6934-4

Ⅰ.①数… Ⅱ.①张… ②张… Ⅲ.①产业经济 – 转型经济 – 数字化 – 研究 – 中国 Ⅳ.① F269.2

中国版本图书馆 CIP 数据核字（2022）第 081903 号

责任编辑	张梦初
责任印制	马小宾
封面设计	卓义云天

出版发行	中国经济出版社
印 刷 者	北京柏力行彩印有限公司
经 销 者	各地新华书店
开　　本	710mm×1000mm　1/16
印　　张	18.75
字　　数	220 千字
版　　次	2022 年 6 月第 1 版
印　　次	2022 年 6 月第 1 次
定　　价	65.00 元

广告经营许可证 京西工商广字第 8179 号

中国经济出版社 网址 www.economyph.com 社址 北京市东城区安定门外大街58号 邮编 100011
本版图书如存在印装质量问题，请与本社销售中心联系调换（联系电话：010-57512564）

版权所有　盗版必究（举报电话：010-57512600）
国家版权局反盗版举报中心（举报电话：12390）　　服务热线：010-57512564

前　言

2022年的"两会"出现了一个备受企业关注的新议题——数实融合，《政府工作报告》还专门对"数字经济"进行了阐述，要求"促进数字经济发展""加强数字中国建设整体布局""建设数字信息基础设施，推进5G规模化应用，促进产业数字化转型，发展智慧城市、数字乡村""完善数字经济治理，释放数据要素潜力，更好赋能经济发展、丰富人民生活"。这是数字经济第六次出现在政府工作报告中，但前五次关于数字经济的论述比较少，这一次将数字经济单独列为一段，足见政府之重视。

随着电子商务、直播带货、智慧医疗、智慧教育、在线办公等新业态全面融入人们的工作与生活，人们对数字经济已经比较熟悉。简单来说，数实融合就是数字经济与传统实体经济相融合，但这种融合不是简单的相加，不是传统实体企业接入互联网，利用数字软件对某个业务流程进行调整，而是两种经济形态的全面融合，是传统实体企业利用数字技术对自身产业链进行改造，实现全方位、全链条的数字化。

从本质上看，数实融合是一种数字化服务能力。实体企业通过接入互联网，引入数字设施，将数据、技术、设计等资源转化为可以复制、移植、通用的软件，最终实现服务能力的共享，帮助行业内的其他企业，尤其是小微企业降低运营成本，提高运转效率。

近几年，尤其是新冠肺炎疫情暴发后，我国很多实体企业推出了数字化转型战略，不断加大在互联网、人工智能、大数据、云计算、区块链等数字技术领域的投入，促使数字化转型进程不断加快。据统计，2020年，我国数字经济的规模达到了5.4万亿美元，在世界排名第二；同比增长9.6%，增长速度在世界排名第一；数字经济核心产业增加值在GDP中的占比达到了7.8%，到2025年有可能达到10%。

2021年，我国数字经济进入高速发展阶段，在5G通信技术、云计算、区块链等关键核心技术领域取得了重大突破，5G网络覆盖范围不断拓展，相关设备与应用的数量持续增长，同时集成电路、软件等数字经济的基础领域也取得了显著成果。这些技术与应用被引入实体经济领域，切实起到了降本增效的作用。

例如，制造企业利用数字化工具直接与消费者对接，根据消费者需求组织生产，打通产品研发、生产、质检、入库、出库等环节的信息流与业务流，实现定制化、柔性化生产，极大地提高了生产效率，降低了生产损耗；学校利用知识图谱、机器学习、大数据分析等技术推动教育改革，针对学生的具体情况为其提供个性化学习方案，真正颠覆传统的以教师为中心的教学模式，实现因材施教；医疗行业借助远程医疗机器人、AI电子病历、智慧医疗影像辅助系统等技术与应用重塑诊治流程，实现医疗资源的优化配置，降低患者的看病门槛与看病成本，减轻医护人员的工作负担，对医疗改革产生了积极的推动作用。

当然，数字技术与传统实体行业的融合不只在上述几个领域，还包括物流、零售、营销等很多行业。在经济高质量发展的背景下，我国政府在全社会层面推广数实融合意义重大。因为经济的高质量发展离不开

前　言

创新的驱动，这一点与以科技创新为支撑的数字经济不谋而合。经济的高质量发展强调优化经济发展结构，提高产品与服务的附加值；数实融合也是要推动经济实现高层次发展，建立数字化浪潮下的现代产业体系。

鉴于数实融合为经济高质量发展提供的广阔空间，我国一些重点领域的企业已经开始对数实融合路径进行探索，虽然取得了一些成绩，但从整体来看，我国产业互联网，尤其是工业互联网的发展还处在起步阶段，数字化基础设施建设以及整体的智慧服务能力都有待提升，数实融合的速度虽然快，但整体水平并不高，大部分中小企业虽然意识到数实融合的重要性，但受内在与外在多种原因的影响难以实现数字化转型。

为了破除数字经济在发展过程中面临的困境，帮助中小企业加速完成数字化转型，我国政府要大力支持具有强大数据技术与能力的新型实体企业发展，充分发挥新型实体企业的示范带头作用，为中小企业的数字化转型提供成功的案例与经验；积极推进数字基础设施与生态体系建设，为数实融合创造一个良好的生态环境；为致力于在核心技术领域攻关的企业提供资金支持，解决制约数字经济发展的关键技术问题；明确数据产权归属，充分发挥数据的潜在价值。

本书立足于当前我国数字经济与实体经济融合发展的新阶段，全面阐述我国各传统产业的数字化转型战略与行动路线，系统梳理了5G、AIoT、大数据、数字孪生、VR/AR等数字技术的应用场景与实现路径，分别从智能制造、智慧农业、智慧教育、智慧医疗、智慧物流、智慧零售、智慧营销等七大维度，深度剖析我国数实融合战略的实践路径，致力于推动数字技术向经济社会和产业发展各领域广泛深入渗透，推进数字技术、应用场景和商业模式的融合创新，形成以技术发展促进全要素生产率提升、以领域应用带动技术进步的发展格局。

  本书逻辑清晰、内容丰富、案例新颖、语言通俗、紧跟时政，对想要开展数字化转型、推进数实融合的企业具有一定的指导作用，适合企业管理者以及对数实融合、企业数字化转型感兴趣的各界读者阅读。

  本书由浙江长征职业技术学院智能技术学院副院长张晓燕与德国柏林工业大学汽车工程博士张方明共同创作完成。其中，张晓燕负责本书第一部分、第三部分、第六部分至第八部分的撰写工作，总计15万字；第二部分、第四部分、第五部分由张方明编写，总计7.2万字。全书由张晓燕负责统稿工作。同时，特别感谢姚向荣教授、田建锋副教授审阅了全书并对本书提出了宝贵建议。另外，袁媛、范国平等在本书创作之初做了大量的素材搜集工作，在此一并表示感谢。由于编者水平有限，错误之处在所难免，恳请广大读者批评指正。

张晓燕
2022年4月18日

目 录

第一部分 数实融合篇

第1章 数实融合：赋能经济高质量发展 / 3

数字经济的"虚"与"实" / 3

我国"数实融合"的发展趋势 / 9

我国"数实融合"的四个层面 / 13

我国"数实融合"存在的问题 / 17

我国"数实融合"的发展对策 / 21

第2章 数智赋能：产业数字化转型路径 / 25

产业数字化转型的战略要义 / 25

产业数字化转型的发展趋向 / 27

产业数字化转型面临的问题 / 29

产业数字化转型的实施路径 / 32

产业数字化转型的对策建议 / 35

第3章 战略路径：企业数字化转型升级 / 39

企业数字化转型的内在机制 / 39

路径1：以数字规划为起点 / 42

路径2：以数字能力为主线 / 44

路径3：以转型价值为导向 / 45

路径4：以数据要素为驱动 / 46

路径5：以生态协作为支撑 / 47

第二部分　智能制造篇

第4章　数字经济与智能制造的融合路径 / 51

数字经济与制造业的深度融合 / 51

产品：生产的定制化、个性化 / 53

技术：生产的智能化、网络化 / 54

组织：生产的协同化、柔性化 / 56

数字经济与智能制造的融合路径 / 58

第5章　5G智能制造：数字化制造新应用 / 61

场景1：基于5G+VR/AR的协同设计 / 61

场景2：5G工业自动化控制 / 62

场景3：柔性生产与智能装配 / 64

场景4：质量管理与远程运维 / 66

场景5：可视化数据监测 / 69

场景6：5G仓储物流管理 / 70

场景7：5G虚拟培训指导 / 73

第6章　工业AI：智能时代的工业新图景 / 75

AI驱动的工业视觉检测 / 75

基于机器学习的预测性维护 / 77

目 录

  AI数字孪生与智能工业　/　79
  工业能耗预测与节能减排　/　81
  基于深度学习的工业生成软件　/　83
  AI智慧供应链管理与决策　/　84

第三部分　智慧农业篇

第7章　5G智慧农业：赋能农业数字化转型　/　89
  智慧农业：5G重新定义农业　/　89
  5G智慧农业的应用与实践　/　91
  5G运营商在智慧农业领域的布局　/　93
  5G智慧农业的未来发展路径　/　94

第8章　基于AIoT技术的智慧农业变革　/　97
  AI赋能传统农业智能化升级　/　97
  AI技术在智慧农业领域的应用　/　99
  农业物联网的体系架构与功能　/　102
  农业物联网的应用优势与典型场景　/　105

第四部分　智慧教育篇

第9章　智慧教育：驱动教育信息化革命　/　111
  基于AI的智能教学系统　/　111
  AI在智慧教育中的应用场景　/　113
  AI普慧教育面临的挑战　/　115
  "智能+教育"模式的未来想象　/　117

第10章 精准教育：开启个性化学习模式 / 120

大数据时代的个性化教育 / 120

数据驱动的未来教育范式 / 122

基于大数据的智慧校园建设 / 123

大数据赋能智慧学习环境 / 126

第11章 数字孪生：重构未来教学新体验 / 130

数字孪生时代的智慧教育新体验 / 130

"数字孪生+教学"的实现路径 / 135

第五部分 智慧医疗篇

第12章 智慧医疗：5G×AIoT重塑医疗生态 / 141

5G时代的远程医疗机器人 / 141

医疗机器人的典型应用与案例 / 144

大数据驱动医院数字化转型 / 146

医疗物联网：赋能医疗数字化转型 / 148

第13章 AI在医疗领域的应用场景 / 152

基于AI技术的虚拟助理 / 152

基于AI技术的新药研发 / 154

基于AI技术的基因测序 / 157

AI电子病历与文献分析 / 159

智能医疗影像辅助诊断 / 160

第14章 AI智慧医疗的机遇、挑战与趋势 / 164

AI智慧医疗产业的发展机遇 / 164

目 录

AI智慧医疗产业面临的挑战 / 167

AI智慧医疗产业的发展路径 / 169

AI智慧医疗产业的未来趋势 / 173

第六部分 智慧物流篇

第15章 大数据时代的物流企业CRM变革 / 177

物流大数据蕴含的商业价值 / 177

大数据引领物流企业CRM变革 / 179

大数据在物流企业CRM中的应用 / 183

物流大数据面临的问题与对策建议 / 186

第16章 云物流：推动物流行业信息化建设 / 189

大数据时代的云物流模式 / 189

云物流模式的应用优势 / 191

基于大数据的云物流配送模式 / 193

基于云计算的物流信息平台建设 / 195

第17章 大数据时代的物流企业管理创新 / 198

物流企业管理中存在的问题 / 198

大数据驱动物流企业管理创新 / 200

大数据重塑物流企业竞争力 / 203

物流企业提升竞争力的策略路径 / 205

第七部分 智慧零售篇

第18章 新零售：一切以用户价值为导向 / 211

我国零售市场的变革与重构 / 211

　　新零售：开启消费者主权时代 / 214

　　业态创新：新零售的主要特征 / 217

　　未来图景：新零售的发展趋势 / 222

第19章　全渠道零售：线上线下深度融合 / 226

　　全渠道O2O：实体店的未来 / 226

　　传统零售的全渠道转型路径 / 229

　　实体零售企业的六大转变 / 234

　　企业如何构建全渠道供应链？ / 236

第20章　新零售环境下的营销变革与策略 / 240

　　新零售时代的消费需求变革 / 240

　　新零售时代的营销新特征 / 243

　　场景IP：贴合消费者的心理认知 / 244

　　社群营销：私域流量的价值转化 / 246

第八部分　智慧营销篇

第21章　精准营销：大数据驱动的营销策略 / 251

　　数字经济重构传统营销模式 / 251

　　企业营销的数字化转型策略 / 253

　　大数据时代的精准营销 / 256

　　大数据营销的关键要素 / 259

第22章　精准投放：程序化广告营销攻略 / 263

　　程序化广告的定义与优势 / 263

目 录

程序化广告的生态图谱 / 266

程序化广告的投放流程 / 267

程序化广告的投放策略 / 271

程序化广告的效果评估 / 273

第23章 App广告:移动时代的营销策略 / 277

App广告的投放形式与优势 / 277

App广告投放的主要策略 / 280

App广告未来的发展策略 / 281

第一部分
数实融合篇

第1章
数实融合：赋能经济高质量发展

数字经济的"虚"与"实"

在新的经济形势下，我国想要在未来一段时间内实现经济高质量发展，推动产业基础升级，打造现代化的产业链，必须推进数字经济与实体经济深度融合。"十三五"期间，大数据、人工智能、移动互联网、云计算、物联网等数字技术在我国实体经济领域的渗透应用，不仅提高了企业的运营效率，增加了行业效益，而且颠覆了传统的生产方式、消费方式与服务模式，催生出很多新产品、新业态，创造了巨大的经济效益。

在应对新冠肺炎疫情的几年间，实体经济发展艰难，不得已加快了与数字经济的融合，且取得了不错的成绩。进入"十四五"时期，数字经济与实体经济的融合速度将进一步加快，实体经济将实现数字化、智能化、网络化、绿色化转型，助力"双碳"目标的实现，并赋能"以国内大循环为主体，国内国际双循环相互促进"的新发展格局的形成。

◆数字经济与实体经济的融合

1994年，全球著名的新经济学家和商业策略大师唐·塔斯考特（Don Tapscott）出版《数字经济》一书，阐述了计算机与互联网革命给商业行为、销售方式、产品与服务创造所造成的影响，首次提出"数字经济"这一概念。2016年，G20杭州峰会发布《二十国集团数字经济发展与合作倡议》，明确了数字经济的概念："数字经济是指以使用数字化的知识和信息作为关键生产要素、以现代信息网络作为重要载体、以信息通信技术的有效使用作为效率提升和经济结构优化的重要推动力的一系列经济活动。"

根植于信息技术的数字经济具有鲜明的"虚"的属性，这种"虚"与传统的虚拟经济不同。传统的虚拟经济是根据人们的预期进行价值循环的一种经济形态，典型代表包括房地产、金融证券等，希望能够在一定时间内获得可观的经济回报。数字经济的"虚"主要表现在经济活动载体方面，一指网络连接的虚拟化，二指数据流动的虚拟化。

在新一代信息技术的作用下，所有的知识信息都能转化为计算机可以识别的比特信号——"0"与"1"，创建一个与物理世界相映射的虚拟化的数字空间，并借助算法、算力对各种数字信息进行整合，根据信息处理结果解决物理世界存在的问题。

物理世界的经济活动总要受到时间、空间的限制，而数字经济打造的虚拟世界打破了这种限制，将物理世界的经济活动拓展延伸，极大地提高了资源配置效率，推动经济活动向着个性化、多元化的方向发展。将物理世界的信息转化为比特信号是数字经济虚拟性的独特表现，传统的虚拟经济并不具备这一特征。

除了扎根信息技术之外，数字经济的发展也离不开实体经济，这体现了"实"的属性。数字经济主要包括两部分，一是数字产业化，包括电子信息制造业、信息通信业、软件服务业等；二是产业数字化，指的是传统产业借助数字技术实现转型升级，增加产出。这两部分都带有鲜明的实体经济的属性。

近几年数字经济吸引了大量资本涌入，在资本的支持下，一些数字经济企业快速崛起，又很快退出市场，导致人们对数字经济产生了质疑。但事实上，这类企业的经营活动仍以实物产品为主，数字技术只为其提供一个虚拟的交易环境，推进供需对接而已。也就是说，目前，在实体经济新业态中，数字经济扮演着像电力一样的角色，是企业开展生产经营活动不可或缺的生产资料，实体经济与数字经济已经变得不可分割。

百度、腾讯、阿里巴巴等互联网巨头利用云计算、大数据、互联网等技术对产品流通环境进行改造，创造了数字经济新模式、新业态，极大地拓展了实体经济的业务范围，与传统的虚拟经济存在显著区别。例如，电子商务虽然支持在线支付、在线交易，但交易的仍是实体物品，并没有改变数字经济扎根于实体经济的特性。

◆数字经济以"虚"促"实"

数字经济与实体经济相互依存，相互影响，实体经济是数字经济的重要基础，数字经济为实体经济的发展注入新动能，促使实体经济焕发生机与活力。数字经济对实体经济的赋能主要通过两个渠道实现，一是虚拟的网络连接，二是数据，前者是数字经济赋能实体经济的新渠道。

根据"梅特卡夫定律",网络价值与网络中的节点数量成正比。也就是说,网络节点越多,节点覆盖的范围越广,网络能够创造的经济价值就越大,这一点已经在消费互联网中得到了验证。在网络信息交换过程中,大型互联网平台就作为关键节点而存在,淘宝、京东、滴滴、美团等消费互联网平台改变了实体经济传统的供需连接方式,有效地解决了买卖双方信息不对称的问题,创造出一个规模庞大的市场。这种网络效应的本质在于网络的外部性,网络节点数量越多,网络的聚集效应就越强,网络的外部性越能得到充分发挥。

消费互联网实现了人与人、人与组织的紧密连接,可以激发消费者的消费潜能,改善消费者的消费体验。随着数字经济不断发展以及5G、物联网、云计算等技术的普及应用,产业互联网的连接范围进一步拓展,从终端消费者延伸到了整个生产过程,创建了一个组织与组织、物与物、组织与物相互连接的虚拟网络。

产业互联网的发展将极大地提高生产效率,促使各类要素资源实现优化配置,将消费互联网与产业互联网连接在一起,促使C2M①模式实现推广应用,实现敏捷化生产、精益化生产。数字经济不仅可以为实体经济赋能,还能助力虚拟经济发展。一方面,数字经济可以对普惠金融的发展产生积极的推动作用;另一方面,数字经济会在一定程度上放大虚拟经济高风险的特征。为了抵御风险,国家需要不断完善互联网金融风险监管体系。

数字经济赋能实体经济离不开数据的支持。纵观前三次工业革命,每一次工业革命都会催生一种新的生产要素,数据就是伴随着第四次

---

① C2M又称"反向定制"或"用户直连制造",是一种全新的生产制造与商业形态,主张工厂直接对接消费者需求。

工业革命出现的一种新的生产要素。习近平总书记多次强调数据的重要性，指出"在互联网经济时代，数据是新的生产要素，是基础性资源和战略性资源，也是重要生产力""要构建以数据为关键要素的数字经济"。

中共中央、国务院发布的《关于构建更加完善的要素市场化配置体制机制的意见》将数据放到与土地、劳动力、资本、技术同等重要的位置。随着数字经济不断发展，消费互联网与产业互联网产生的数据将渗透到实体经济开发、采购、产品设计、工艺设计、生产、营销、服务的各个环节，这些环节将通过数据流通串联在一起，通过打造数字闭环推动物理世界与虚拟世界融合发展。

数据不仅可以作为生产要素，还能与资本、劳动力等要素关联，提高这些要素的利用效率与生产效益。例如，银行利用大数据创新征信方式，对资产信用评估和风险监控方式进行数字化改造，可以帮助银行做好对中小微企业的调查，解决银行不敢、不愿、不能向中小微企业放贷的问题，促使金融服务实现供需匹配，切实提高资本利用效率。未来，随着与数据权属问题有关的法律政策不断完善，数据权属问题不断明确，数据将在资产流通过程中发挥重要作用，逐渐转化为企业的重要资产在市场上流通，为实体经济创造更大价值。

◆数字经济"虚实"融合发展

未来很长一段时间，数字经济将与实体经济融合发展，这会为我国经济发展带来很多新机遇与新挑战。在此形势下，我国经济发展要重新规划布局。

（1）积极推进产业数字化，为数字经济与实体经济融合奠定扎实的基础。近年来，我国通信基础设施建设取得了显著成绩，4G网络几乎覆盖了我国所有的城市和主要乡镇，5G网络也开始实现商业化应用，但产业互联网、人工智能、云计算等数字化产业在发展过程中仍面临着很多问题。为了推动数字经济发展、数字社会建设，我国要鼓励企业围绕新一代信息技术做好关键技术攻关，充分发挥自主创新能力，大力推进产业互联网、人工智能、大数据、云计算等领域的基础设施建设，做好数字基础设施建设规划，均衡数字基础设施在各个区域的布局，避免重复建设。

（2）积极推进产业数字化，扩大数字经济与虚拟经济融合的接触面。近年来，虽然传统产业在积极推进数字化转型，但始终面临着不全面、不充分的问题，尤其是中小微企业的数字化转型迟迟没有取得很好的进展。进入"十四五"时期之后，我国要积极推进产业互联网数字平台建设，通过创新产业融合应用场景扩大产业互联网的应用范围，促使产业互联网在农业、工业、服务业等领域实现深入应用，推动产业链、资金链、创新链实现数字化转型，打造一个在全球市场上具有较强竞争力的数字产业集群。同时，我国要鼓励在数字化转型领域取得成功的企业分享经验，帮助中小企业解决在数字化转型过程中遇到的各种困难，降低中小企业数字化转型门槛。

（3）积极推进数字治理体系建设，释放数字经济与实体经济融合发展的价值。只有对数据进行有效利用，充分释放数据的价值，才能更好地推动数字经济与实体经济融合发展。但目前，由于数据产权不清晰、数据共享机制不明确、数据安全保障机制不完善，导致数据价值无法得到充分释放。为了解决这一问题，我国要加快出台相关的法律法规，明确各类数据的所有权，围绕数据交易、开放、流通等环节创建相应的体制机制，在保证数据安全、不侵犯用户隐私的情况下推动各类数据实现开放共享，不断丰富数据的应用场景，鼓励多个来源的数据相互融合、协同创新。

我国"数实融合"的发展趋势

数字经济与实体经济融合发展是"十四五"期间我国经济发展的主趋势，并且数字经济与实体经济融合发展的基础环境将不断优化，产业数字化将持续深化，消费互联网的升级将与产业互联网发展交相呼应，新模式、新业态不断涌现，网络安全与数字治理问题引起了广泛关注。与此同时，数字经济与实体经济在融合发展的过程中也出现了很多问题，包括发展不平衡、不充分，人才储备不足，核心技术有待攻克，数据产权界定不清晰，数据质量体系不完善等，给产业数字化转型造成了严重阻碍。

为此，我国要积极推进数字化基础设施建设，为产业数字化转型提供强有力的支持与保障；强化数字经济与实体经济融合的基础，促使数字技术在传统产业领域实现渗透应用，拓展应用范围，覆盖研发创新、生产加工等环节；鼓励相关企业与机构加大在数字技术研发领域的投入，在关键技术领域取得突破，降低对国外的依赖；鼓励高校与企业培养跨界融合的高端数字化人才，打造一支专业的人才队伍；加大网络安全与数字治理力度，为数字经济与实体经济的融合发展创造一个健康安全的外部环境。目前，我国数字经济与实体经济的融合呈现出以下几大趋势。

◆数字经济与实体经济融合的基础环境持续向好

为推动企业的数字化转型,各级政府出台了很多利好政策。2020年发布的《中共中央关于制定国民经济和社会发展第十四个五年规划和二〇三五年远景目标的建议》单独设一篇对经济的数字化转型、数字中国建设进行论述,明确提出要"推动数字经济与实体经济融合发展,打造具有国际竞争力的数字产业集群",将数字化转型提升到战略层面。

"十三五"期间,我国全面推进新基建,尤其是5G网络、数据中心、工业互联网、云计算等数字基础设施建设。进入"十四五"时期之后,新型基础设施建设速度仍将保持在高位,为数据流与信息流运转提供强有力的支撑,打造一个更加稳定的产业链,推动数字经济与实体经济实现深度融合。

◆产业数字化加速向深层次拓展

在应对新冠肺炎疫情期间,实体经济发展受阻,一部分企业通过数字化转型来保持经济增长,取得了很好的效果,证明了数字化转型在增强企业韧性、提高企业应对外部冲击能力等方面的作用。例如,在疫情期间,一些先进制造业企业利用互联网、大数据、人工智能等信息技术实现了复工复产,将生产端与需求端连接在一起,促使产品供给与需求实现精准匹配,并在很大程度上提高了产品生产效率。

大数据、人工智能、云计算等数字技术作为通用技术,在赋能实体经济的过程中,将通过连接产业上下游企业、扩大技术应用范围、对海量数据进行可视化分析等,对企业内部以及产业之间的知识进行重构,对生产要素进行优化配置,对新一轮的技术变革与产业变革产生积极的推动作用。

未来一段时间，5G将加速与AI、工业互联网等技术融合，创新应用场景与商业模式，实现万物互联，为各类企业提供数据平台，推动数字技术从生产制造、服务消费等环节向核心业务渗透，不断拓展数字经济与实体经济融合的广度与深度，推动各行各业实现数字化转型与升级。

◆ **消费互联网升级与产业互联网发展实现良性互动**

在疫情防控常态化的背景下，随着数字技术在各个领域实现深入应用，消费、生产、服务乃至更多行业将实现数字化转型与升级。新冠肺炎疫情结束后，消费者需求将变得更加个性化、场景化，对实物产品的需求将不断下降，对数字产品与产品服务的需求将实现小规模爆发，消费者将更加关注产品本身的价值，开始追求全程智能化的场景解决方案。

企业在引入数字技术之后，不仅实现了数据与资源的互联互通，实现了价值共享，而且形成了一个涵盖生产者、消费者及各种生产要素的网络生态圈，可以准确把握消费者的潜在需求，对消费者的深层次需求进行探查，有针对性地为消费者提供所需产品与服务。随着数字技术不断成熟，各产业实现跨界融合，各个行业所有环节的数据都将实现跨界融合，推动产品的生产模式从标准化大规模生产向个性化定制转变。

团购、网约车等平台经济的发展就得益于数字技术对生产要素的重组。以网约车平台为例，网约车平台利用大数据技术对车辆的供需信息进行分析，从而为用户匹配合适的车辆，不仅缩短了人车匹配时间，提高了车辆的配置效率，而且降低了车辆的空驶率，在一定程度上实现了节能减排。

除此之外，在应对新冠肺炎疫情期间，市场上爆发出一些数字化新需求，催生了一些新业态，如云消费、云办公、宅生活等，极大地激发了在线办公、网络视频、直播带货等新型商业模式的活力，推动无人工厂、无人超市等无人经济快速发展，促使数字技术在制造、物流、零售等行业深入应用，引领生产消费进入数据智能、人机协同发展的新阶段。

随着数字技术在传统行业各场景深入应用，服务型制造、网络化协同、平台化运营等新业态、新模式将不断成熟，对产业数字化转型产生积极的推动作用。

◆ 网络安全与数字治理问题需要引起高度重视

随着数字经济与实体经济深度融合，网络安全与数字治理将成为影响产业发展以及国家信息安全的重大问题。随着数字技术不断发展，虚拟世界与现实世界之间的界限越来越模糊，二者将实现全方位连接，但这样一来，网络攻击、网络诈骗、安全威胁等问题就变得越发严峻，需要相关企业与机构给予高度重视。

进入万物互联时代之后，越来越多的实体经济借助互联网、工业互联网、大数据等数字技术进入数字化转型阶段。在这个过程中，一些新兴行业由于准备不充分、经验不丰富面临着巨大的网络安全风险。例如，在车联网领域，随着AI、大数据、物联网等技术在车辆研发与生产中应用，车辆系统的智能化程度有了大幅提升，所遭受的网络攻击也越来越多，甚至有黑客利用互联网操控自动驾驶车辆的油门、刹车，引发重大交通事故。如果车企不提高车辆系统的安全防护能力，就无法保证自动驾驶车辆的安全，无法让消费者放心购买。

除此之外，随着越来越多的传统基础设施接入互联网，新型基础设施建设不断推进，实体经济生产经营过程中关键系统与设备遭受网络攻击的可能性也大幅增加。在工业领域，随着工业互联网建设持续推进，联网的工业设备越来越多，数据监测平台的覆盖范围越来越广，如果联网设备存在漏洞，企业的关键系统遭受攻击，导致业务数据、生产数据、核心技术数据、用户隐私数据等泄露，轻则蒙受一定的经济损失，重则无法继续在行业立足，甚至可能给整个经济社会的发展造成不良影响。

我国"数实融合"的四个层面

数字经济时代有三个典型特征：第一，在数字经济时代，数据将成为企业的关键生产要素，对企业现有的生产要素进行优化配置；第二，通过对生产方式的数字化改造推动产业体系实现结构性变革；第三，数字化创新将对经济结构变革产生强有力的推动作用。因此，在数字经济时代，我国必须借助数字技术，通过释放数据的价值，利用数据推动产业链上下游各个要素实现数字化升级，促使产业数字化转型落地。

因此，在数字经济与实体经济融合发展的形势下，我国企业要做好以下四件事。

◆企业内部的数字化改革

（1）利用数字网络提升企业内部控制水平。

企业要利用数字化技术对内部控制系统进行改革，规范各项业务的开展流程，对各项经济责任关系进行严格把控，降低人为因素对企业各项业务活动的干扰，对会计数据进行有效处理，做好内部控制监督与检查，促使企业组织结构实现网络化、扁平化，创建一个权责分明，可以对各个节点进行有效把控的数字网络；创建一个可以实现无障碍沟通的内部沟通机制，切实提高企业管理效率。

（2）利用数字流程健全企业快速响应机制。

智能生产、大数据精准营销、物联网、产业链协同等可以从生产、流通、营销等环节促使各类资源实现优化配置。为此，企业要用数字技术创建一个数字化的市场响应机制，增进对市场信息的了解，去除市场响应过程中不必要的中间环节，优化响应流程，切实提高对客户需求的响应速度，降低企业的交易运营成本，提高企业的经济效益。

（3）利用数字手段整合产业链。

数字经济可以作用于研发、制造、流通、交易等环节，全面提高产业运行效率。进入数字经济时代之后，信息资源具有显著的协同一致性，为此，企业要积极引入各项数字技术对产业链进行整合，推进协同研发，对生产线进行数字化改造，全面加强与数字普惠金融的合作，利用现代化的物流体系将生产端与消费端紧密连接在一起。除此之外，企业要利用数字技术对能够集中体现企业价值的产业链进行改造，对产业链进行强化、延伸与补充，形成产业链上下游数字一体化新格局。

◆产品服务数字化

（1）通过数字融合实现产品服务集成。

在数字经济时代，客户价值诉求呈现出圈层化与碎片化的特点。为了顺应这一趋势，制造企业不仅要聚焦产品技术，做好技术研发，还要聚焦客户价值创造，利用数字技术改造服务型制造，为客户提供可以解决问题的产品服务组合。同时，企业要在专注产品创新的同时做好服务创新，打造可以满足客户需求的产品服务集合，获取新的竞争优势。

（2）通过数字赋能为传统产品创造增值。

数字经济可以通过创新产品、业态与商业模式，为传统产业拓展价值增值空间。企业利用数字技术对传统商品进行改造，可以提高商品的附加值，让产品衍生出更多价值。在这个过程中，企业能够掌握大量数据，为后续的产品生产、业态裂变、产品价值增值提供支持与助力。在传统产品增值的各项策略中，文化价值是一项重要策略，而产品文化价值要借助数字信息来实现。企业利用数据处理结果，可以对文化策略做出精准定位，实现传统产品的价值增值。

（3）通过数字技术提升消费者间供需价值。

企业可以利用数字技术对产品使用过程中产生的客户数据进行收集、分析，从中发现客户潜在的问题，增进对客户的了解，根据客户需求创新产品与服务。此外，在数字技术的作用下，市场供需可以实现高效对接，不仅可以带给消费者更好的体验，而且可以提高生产、流通、经营等环节的效率，降低各项成本，创造更多供需价值。

◆产业间数字化

（1）通过传统产业数字化，促进多元技术集成。

在数字技术的支持下，企业内部各个分散的单元可以连接在一起，促使人与人、人与机器、机器与服务实现无缝连接，打破传统产业发展障碍，促使各利益相关主体实现相互协同，减少传统产业内部各竞争单元之间的摩擦，降低信息获取成本与传输成本。传统产业竞争型单元向集合网络转变的过程中也会推动数字技术实现融合创新，促进互联网、云计算、区块链、物联网、虚拟现实等技术集成发展，推动整个产业的技术创新，实现整体的价值提升。

（2）通过数字化信息共享，实现产业园及产业集群协同发展。

在数字技术的支持下，产业间的供需端可以实现精准对接，订单、产能、渠道等信息也可以实现共享，打造一个可以赋能产业链、工业链发展的产业数据中心，推动产业基础不断升级，创建一个现代化的产业链，解决产业链在发展过程中面临的各种问题，通过信息流通打造一个上下游、供产销联动的协同式产业架构，促使产业园及产业集群实现协同发展。

（3）通过推动数字化平台建设，实现流通、消费、服务的大畅通。

数字化平台建设有赖于信息撮合、交易服务、物流配送等综合服务信息的支持，建成之后可以方便信息流通，促使流通、消费、服务等环节实现网络化与数字化。在数字化平台的支持下，各类数据信息可以实现顺畅流通，通过线上线下相融合的方式将国内市场的消费潜力充分释放出来，推动产品与服务创新，获取新的竞争优势。

◆ **数字化治理体系**

（1）强化数字化监督与管理水平，提升治理效能。

目前，我国数字经济与实体经济的融合逐渐进入转型阶段，数字化公共服务体系缺乏统一监管的弊病逐渐显现，这些问题的解决对数字化技术提出了较高的要求。借助数字化技术在平台与数据等方面的优势，政府可以不断完善行业监管与治理体系，防控数据泄露风险，为企业数字化转型风险防控提供有效的方案，形成政府与企业多方参与、信息共享与高效联动的现代化治理体系，提高治理能力。

（2）构建全过程动态智慧治理体系，为开拓新业态保驾护航。

在数字技术的支持下，政府可以对数据采集、存储、交易等环节进行智慧化监管，健全数字企业以及数字平台的市场准入规则，推动数字经济与实体经济深度融合。此外，政府可以利用数字化信息，创建一个覆盖数字设施、数据共享、数据交易、信用体系、流程再造等环节的智慧化数字经济标准体系，对共享经济、无接触配送、新零售等新业态的发展产生积极的推动作用。

（3）实现数字化共治共享，优化实体经济发展生态环境。

在数字化技术的支持下，政府与社会协同共治机制将不断完善，市场信息将通过互联网实现充分共享，形成规模越来越大的数据流，进而带动技术流、物流、人才流不断发展，为民间资本参与城市基础设施的智能化改造提供支持，为5G、数据中心等新型基础设施建设奠定良好的基础。除此之外，数字技术还能为生态环境治理提供支持，提高生态环境治理能力，从而为实体经济发展、数字技术在实体经济领域的深入应用创造一个良好的生态环境。

我国"数实融合"存在的问题

我国数字经济与实体经济融合面临着很多问题，具体体现在以下几个方面。

◆数字经济与实体经济融合发展不充分

目前，我国数字经济与实体经济的融合发展已取得阶段性成果，但二者融合发展的深度与广度还有很大的提升空间。并且，数字技术融入不同行业的方式与速度表现出很大的差异，融合路径与融合机制仍然需要探索。

一方面，在数字经济与实体经济融合的过程中，企业要对组织机构、业务流程以及经营管理进行调整，需要平衡资金投入与收益，选择可靠的技术平台，改革传统的商业模式等。因为涉及的问题比较多，而且投入比较大，所以很多实体企业出现了不敢转型、不能转型、不会转型的问题。另一方面，很多企业对数字化转型的认知比较片面，单纯地认为数字化转型就是引入数字技术，没有将数据作为生产要素，对数据的挖掘利用不充分，与爆发式增长的数据不匹配，无法满足企业的数字化转型需求。

◆数字经济与实体经济融合发展不平衡

一方面，我国数字基础设施、技术与人才的供给严重不平衡，这种不平衡主要表现在不同地区、同一地区的不同省份、同一省份的城市与农村之间。发达地区的5G网络、高速宽带网络以及互联网服务中心的建设水平要比欠发达地区高很多，而且在大数据、人工智能、云计算等关键技术创新领域取得了重大成果，对数字消费与服务的需求大幅攀升，吸引了一大批高端数字化人才，对数字经济与实体经济的融合产生了积极的推动作用。

另一方面，数字经济与不同产业的融合程度不同。根据中国信息通信研究院发布的报告，2020年，数字经济在农业领域的渗透率为8.9%，在工业领域的渗透率为21%，在服务业领域的渗透率为40.7%。与服务业相比，数字经济在农业、工业领域的渗透率还有很大的提升空间。即便是同一产业，数字经济与不同行业的融合也存在很大差异。例如，在制造业，相较于食品制造及烟草加工业，数字技术在通信设备、计算机、其他电子设备制造等领域的渗透率更高。

◆ **核心数字技术水平有待进一步提升**

数字经济与实体经济的融合离不开技术的支持，因此我国相关企业与机构要在核心技术领域寻求突破，不断提升数字领域的核心技术水平。近年来，随着实体经济与数字经济进一步融合，我国相关企业与机构在人工智能、云计算、大数据、量子通信等领域积极探索，使得一些核心技术的发展水平有了大幅提升，但一些关键领域核心技术的研发与应用仍与发达国家存在较大差距。

以工业企业利用数字技术转型为例，5G与工业互联网的融合应用刚刚开始，虽然相关企业专注于工业研发设计、制造操作系统、仿真测试等领域的技术研发，但掌握的核心技术与欧美等发达国家相比仍存在较大的差距，仍需加强在工业云、工业大数据等领域的自主创新。除此之外，我国工业企业对国外的芯片、传感器、控制器仍有较强依赖，导致数字经济与实体经济融合的乘数效应[1]无法充分发挥。

---

[1] 乘数效应（Multiplier Effect）是一种宏观的经济效应，也是一种宏观经济控制手段，是指经济活动中某一变量的增减所引起的经济总量变化的连锁反应程度。

◆ **跨界融合的应用型人才储备不足**

随着数字经济与实体经济实现深度融合，数字技术的应用场景不断拓展，对既了解数字技术，又掌握行业专业知识的跨界复合型人才提出了巨大的需求。但目前，这类人才缺口极大，在很大程度上制约了实体经济与数字经济的融合发展。例如，工业企业中掌握产品研发与生产运营双重能力的人才非常少，同时掌握大数据、人工智能、云平台等数字技术的人才更是凤毛麟角，所以很难为实现数字化转型匹配相应的跨界复合型人才。

◆ **数据产权界定与治理体系的完善滞后于产业数字化转型**

随着数字经济与实体经济实现深度融合，产业边界与业务边界将变得越来越模糊。目前，我国还没有发布能够明确界定数据产权归属的法律法规，使得数据知识产权保护的责任主体划分不明确，容易发生数据侵权、创新成果被恶意抄袭等问题，导致企业融合创新力度不足。例如，在无人车、无人机领域，一旦无人车、无人机发生交通事故，或者企业的创新成果被窃取，就只能按照现有的法律法规进行处理，根本无法明确界定责任主体，得到令人满意的处理结果。

另外，数字技术在应用过程中将产生大量数据，这些数据需要流通共享，在这个过程中有可能产生数据垄断巨头。也就是说，一些大型数据平台可能会利用业务之便存储大量数据，不仅会形成竞争壁垒，扰乱市场秩序，还可能滥用数据、对数据进行非法传播、泄露用户隐私⋯⋯同时，随着智能算法持续更迭，由算法带来的算法歧视、大数据杀熟等问题将越发凸显，行业、企业亟须健全数据治理体系。

我国"数实融合"的发展对策

◆ 加快数字化基础设施建设

产业的数字化转型离不开数字基础设施的支持。为了做好数字化基础设施建设,首先,政府要鼓励企业加大对5G网络、数据中心、物联网等数字基础设施建设的投资力度,利用数字技术对传统基础设施进行改造,持续推进大数据网络中心、智能计算中心和工业互联网平台建设,提高数据采集、存储与处理能力。其次,国家和地方政府要尽快出台相关政策,为新型基础设施建设提供支持,对区域数字基础设施建设进行合理规划,切实提高数字基础设施的普惠性。最后,企业要对云平台与云计算进行创新应用,为实体企业存储、处理、应用数据提供支持。

◆ 强化数字经济与实体经济融合的充分性与均衡性

推动实体经济与数字经济充分融合、均衡发展必须做好以下三点。

(1)增强企业的数字化转型意识,对计划开展数字化转型的企业提供精准扶持。作为数字化转型的主要参与者,企业要深入了解数字化转型的价值与优势,对数字技术进行创新应用。地方政府要主动了解企业在数字化转型过程中遇到的困难,创建普惠性金融扶持机制,有针对性地为企业提供金融服务。

(2)鼓励企业在产业研发创新、生产加工、仓储物流、营销服务等环节引入数字技术,探索数字技术与不同行业的融合路径,利用大数据、互联网、人工智能等技术对传统行业进行全方位改造,成为行业数字化转型的标杆企业，然后分享、推广自己的数字化转型经验，帮助上下游企业完成数字化转型。

（3）拓展数字化产业链的覆盖范围，从工业领域向农业、服务业延伸，催生新模式、新业态，保证数字经济与实体经济融合发展的充分性、均衡性。

◆加快数字技术研发与突破

要想推动数字经济与实体经济深度融合，必须提高数字技术的发展水平，具体来看要做好以下三点。

（1）政府要从资金与政策两个层面为致力于研发大数据、人工智能、量子通信等技术的企业提供支持，鼓励企业加大对数字领域基础技术、共性技术、智能关键系统与软件的研发投入。

（2）行业领军企业要加强与科研院所的合作，对人工智能、物联网、云计算、大数据等数字技术在各个场景中应用的底层逻辑进行探索，全面推进计算机仿真技术、芯片、人工智能基本算法等底层技术的研发，掌握传感器、基础软件、核心元器件等领域的核心技术，借助政府部门的支持促使研究成果尽快转化成产品落地应用，降低对国外技术的依赖。

（3）不同级别的工业互联网平台建设要尽快提上议程，包括国家级的工业互联网平台、区域级的工业互联网平台、企业级的工业互联网等，并鼓励更多企业接入云平台，推广应用云端数据采集、网络传输、分析预测等技术。

◆ 加快跨界融合高端数字化人才队伍建设

企业的数字化转型离不开人才的支持，尤其是掌握了先进的数字技术与行业专业知识的复合型人才，以及专注于创新业态与模式的研究型人才。随着数字经济与实体经济深度融合，这两类人才都面临着巨大的缺口。为了做好数字化人才队伍建设，要做好以下三点。

（1）国家要全面推进数字技术研究中心与培训基地建设，鼓励企业与高校、科研机构合作，加强对数字技术专业人才的培养。

（2）政府与企业可以从国外引进数字经济与实体经济融合发展领域的专业人才，包括研究人员与管理人员，为专业人才提供良好的福利待遇。

（3）高校要加强数字化专业教育，开设与大数据、人工智能、工业物联网等技术有关的专业，创建复合型人才培养实验室，改革人才培养机制，做好人才培养规划，扩大人才培养规模，满足相关企业的人才需求，为相关企业打造一支专业化、国际化的数字人才队伍。

◆ 加强网络安全与数字治理力度

加强网络安全与数字治理力度的策略主要包括以下几个方面。

（1）政府要围绕数字经济与实体经济的融合出台具有针对性的法律法规，围绕数字安全问题立法，明确数据产权归属，对数据使用权限、使用方式、安全机制等问题制定统一的标准，加强对政府数据、用户隐私数据以及科研成果的保护。

（2）政府要加强对网络平台企业与底层算法应用的治理，严厉打击平台垄断、算法歧视、恶性竞争等行为，一旦发现，严惩不贷，同时要明确数字平台与相关企业在数字治理中的责任，将政府、企业、消费者在数字治理中的作用充分发挥出来，提高数字治理的精准度。

（3）企业要积极研发数据安全保障技术，包括云平台数据安全防护技术、隐私数据防泄露技术、网络风险预警技术等，保证数据能够实现顺畅流通、高度共享，为数字经济与实体经济的融合创造一个安全的数据环境。

第2章
数智赋能：产业数字化转型路径

产业数字化转型的战略要义

数字化的迅速发展促使云计算、大数据、人工智能等新一代数字技术的发展一日千里，数字经济这种新型经济发展形态也应运而生。21世纪以来，消费互联网的繁荣推动了我国数字技术的创新和数字企业的快速成长，为数字产业的发展提供了关键性契机。

在数字技术的应用逐步走向融合发展和我国持续深化供给侧结构性改革的同时，加快数字技术与实体经济融合发展的步伐已经成为共识。习近平总书记在党的十九大报告中提出："加快建设制造强国，加快发展先进制造业，推动互联网、大数据、人工智能和实体经济深度融合。"实体经济是我国发展经济的着力点，也是我国在国际竞争中获得主动权的根本。数字化冲击是无所不在的，数字化重塑是在所难免的。

对体量大、涉及面广的传统产业来说，数字化转型就是借助数字技术对产业进行多角度、全方位、全链条的革新。随着在生产、营销、管理和运营等各个环节中深入应用数字技术，企业和产业层面的发展逐步走向数字化、网络化和智能化，并持续强化数字技术对经济发展的叠加、放大、倍增作用。数字技术的应用是传统产业在质量、效率和动力上实现变革的重要路径，也是促进我国经济发展更加高质量的必经之路。

◆传统产业数字化转型是深化供给侧结构性改革的重要抓手

我国当下的经济运行矛盾的分布重点在供给侧，主要体现为产能大量过剩和有效供给严重缺乏，企业难以有效满足消费者对产品和服务的需求，难以兑现生产活动的市场价值，无法让经济运行做到良性循环。

现在的传统产业领域中，需求乏力、产能过剩、竞争过度、品牌效益不明显等众多问题日渐凸显，由此可见，传统产业进行转型升级必须深化供给侧的结构性改革。跟随消费升级的走向，基于产品和服务的数字化、智能化，推动传统产业向数字化产业转型升级，缩减低端无效供给并发展新动能作为深化供给侧结构性改革的首要着力点。

数字化转型必须在传统产业发展中充分发挥数字技术的赋能引领作用，利用开发智能化的产品、满足个性化的消费需求、进行在线企业服务等新业态和新模式实现企业产品的质量和企业服务的效率的大幅提升，彻底激发传统产业的活力。

◆传统产业数字化转型是制造业高质量发展的重要途径

新中国成立后，我国的制造业获得了长足的发展，但仍有许多制造业企业存在发展水平低下的问题，在土地、人口、技术等资源环境的限制下，综合成本不断上涨。制造业中超过80%的产业是传统产业，通过改造、提升传统产业来推动制造业高质量发展存在巨大的潜力和市场空间。

大量实践表明，数字化转型能够叠加网络化、智能化与制造优势，能有效提升生产制造的精细性和灵活性，使生产方式更加柔性化、智能化、绿色化。

产业数字化转型的发展趋向

传统产业进行数字化转型是为了借助数字技术攻克企业和产业在发展中遇到的难关，重新对产品和服务进行定义和设计，实现业务转型、产业创新和效益增长。在实践方面，提升企业在价值创造、数据集成和平台赋能方面的能力将是传统产业进行数字化转型的重要趋势。

◆从生产驱动到以消费者为中心的价值创造

与传统经济形态相比，数字经济市场条件变化巨大。市场环境中的产品大多存在供过于求的情况，传统产业中由供给关系指导的商业模式日渐衰落，将消费者需求作为核心的价值创造逻辑逐渐兴起。数字化既作为关键性技术支撑企业生产不断优化，也是企业满足消费者需求、连接市场、提升服务质量的关键渠道，其作用主要表现在以下五个方面。

（1）借助互联网平台和大数据等新兴技术能够深入把握消费者需求，将单一的产品升级为产品+服务的模式，为消费者越来越多样化的需求提供全面解决方案。

（2）以智能制造为基础推动柔性化生产，实现针对消费者需求的个性化定制。

（3）以智能产品为基础建立涵盖全生命周期的服务体系，以监测、整理和分析产品使用中的数据的方式提高企业服务附加值。

（4）以互联网社区和众创平台为基础支持消费者参与到产品设计当中，消费者及时向企业反馈自身的需求、感受、经验和建议能够为企业带来更广泛的影响力。

（5）以数字化的价值创造为基础，企业价值链将会转化为包括制造业价值链增值环节和服务业价值链增值环节两部分的融合型产业价值链。

◆ 从物理资产管理到数据资产管理

数字经济发展的核心生产要素是数字化的信息和知识。企业利用数字化能根据物理世界创造一个与其对应的"虚拟世界"置于网络空间当中，在虚拟世界中进行模拟并指导物理世界的行为决策。在数据规模越来越大的同时，处于数字化转型中的企业在加强对数据资产的管理方面达成共识，越来越多的企业在资产管理中纳入数据。

一方面，数据资产的应用范围不仅包含传统的企业内部应用，而且在发展内部的同时也服务于外部。越来越多的企业开始认同"数据即资产"的理念，将挖掘数据价值、释放数据价值、推广数据应用以及扩展数据服务作为企业经营的关键动力来源。另一方面，许多企业认识到不是所有的数据都可以成为资产，在大量引入外部数据并持续累计内部数据后产生的数据质量低下、数据规模扩大、数据应用欠缺、业务间数据融合度低等问题都将增加企业的运营成本。因此，企业的首要任务是合理规划数据的采集、加工、筛选、应用、存储等各个环节，以数据加工的全链条为基础建设数据资产治理体系，提高数据资产价值并以运营化发展的方式进行数据资产的管理。

◆ **从内部数字化到平台赋能的产业链协作**

从实践来看，在工业互联网方面增加投入的重要行业中的骨干企业和互联网领军企业越来越多。这些企业不仅加快自身的数字化转型，还把在数字化实践过程中取得的经验借助平台建设赋能给中小企业，对产业上下游的相关主体形成支撑。

2020年，我国工业互联网平台发展迅速，综合型"双跨"平台获得各方高度认可，海尔、东方国信、用友等十大"双跨"平台平均接入工业设备达到140万台/套、工业App数量超过7000个、服务工业企业超过1万家，具有一定影响力的特色平台近100家。

物流、生产、设计等制造资源和运营服务、设备管理、生产制造、产品设计等数据资源都能在这些工业互联网平台上汇聚共享，针对不同场景应用创新并持续开拓行业价值空间，彰显出平台对中小企业数字化转型进行赋能的显著效果，加快了传统行业数字化转型的整体进度。

产业数字化转型面临的问题

我国产业数字化转型虽然取得了一定的成果，但也面临不少问题，具体如下。

◆ **企业认识不到位，缺乏方法论支撑**

数字化既更新了工业领域的技术，也革新了战略、运营、组织和经营理念等各个方面，产业数字化转型需要对全局进行谋划。当下的许多企业都有强烈的数字化转型意愿，但因为缺少明确的战略目标和清晰的实践路径，大多还处于考虑生产端如何引进先进信息系统的阶段，缺乏对企业发展战略的高度谋划，无法统一企业内部尤其是各个高层管理者的意见。

不仅如此，数字化转型还需耗费大量的时间、财力、物力和人力，在技术、人才培养、业务能力建设等方面也面临着巨大的挑战，这就要求企业必须做到全局的有效协同。目前许多企业缺乏强有力的制度设计和组织重塑，各部门之间没有明确划分数字化转型的职责和权利，没有建立起可行的配套考核和制度激励。大部分企业中担任数字化转型工作的仍旧是原有IT部门，没有专门成立数字化转型组织来对业务和技术部门进行协调，无法系统化解决数字化转型如何落地的问题，限制了相关业务发挥价值。

◆ **数据资产积累薄弱，应用范围偏窄**

数字化转型是企业持续积累并应用其数据资产的过程，而数据资产是数字化转型过程中的关键资源，因此，如何加工数据、利用数据并释放数据是企业必须思考的重要问题。

现在大部分企业还未进入行动阶段，仅处于数据应用的感知阶段，并没有建立起涵盖全产业链、全流程、全生命周期的工业数据链；各个业务系统中都分散着"数据孤岛"般的内部数据资源，尤其是过程控制层和底层设备层难以实现互联互通；外部数据融合度低，对数据的分布与更新难以及时全面感知。目前多数企业由于受到数据的规模、种类和质量的限制，刚刚进入数据应用初期，且大多在风险控制、精准营销和舆情感知等有限的场景中应用，并没有针对业务转型展开预测性分析和决策性分析，也没有深挖数据资产的潜在价值。大数据与实体经济还未进行广泛深入的融合，亟须拓展新的应用空间。

◆ **核心数字技术及第三方服务供给不足**

传统产业数字化转型的成本比较高，一方面，国外垄断了开发工具、嵌入式芯片、底层操作系统以及关键工业软件等高端技术，国内的企业由于缺乏核心数字技术，对相关产品的进口有着很强的依赖性。另一方面，缺乏能够"总包"架构设计、战略咨询、数据运营等各项关键任务的第三方服务商。当前广泛存在于市场中的通用型解决方案难以满足客户对个性化和一体化的要求。更关键的是，当前市场上针对大数据、软件、云计算等业务的服务商参差不齐，在没有确切行业标准的前提下许多中小企业难以做出正确选择。例如，中国信息通信研究院在云计算领域的调研中发现，当前云服务商的安全服务能力良莠不齐，许多云服务商缺乏完善的数据备份机制和密钥管理策略，且业务安全风控能力较低，容易泄露用户数据。

◆ **数字鸿沟明显，产业协同水平较低**

传统产业仍旧存在数字化发展不平衡、不充分的问题，大部分中小企业的数字化程度比较低，缺少网络化和智能化基础。即便有强烈的数字化发展意愿，但由于人力和资源的限制，大多数企业依旧无能为力，大中小企业的数字化发展之间存在巨大的鸿沟。这也使我国与发达国家相比，产业互联网生态建设更加迟缓，在功能完整性、行业覆盖面、模型组件丰富性等方面也稍显落后。领军企业在建设工业互联网时的主入口依旧是内部综合集成，各条产业链间的业务协同并未达到预期，在用户、数据、制造能力等资源方面，平台并未达到足够的社会化开放程度。许多中小企业在参与数字化合作时依旧对安全性有较大的顾虑，这在一定程度上限制了资源共享和业务协同在效率和水平方面的提高。

产业数字化转型的实施路径

◆以智能制造为重点推动企业数字化转型

由于我国传统产业多是制造业，企业在进行数字化转型时也会将推进智能制造作为主攻方向。借助"机器换人"和智能化改造的方式对传统制造方式进行自动化、网络化和智能化水平的全面提升，并在此基础上延伸出智能化生产、个性化定制、服务型制造以及网络化协同等新模式、新业态，具体来看就是要做好以下四点。

（1）加强企业的数字化技术改造，借助云计算、物联网和自动化控制等新兴技术，优化更新机器设备和生产流程等生产要素，建立起"无人车间"和"无人工厂"，帮助企业由单机生产转向网络化、连续化生产，大幅提高企业的生产效率和产品品质。

（2）对中小企业的工业互联网实施基础性改造，推进部署低成本、模块化的设备和系统。支持并促进"企业上云"，从提高企业发展能力和化解实际业务难题出发推进设备联网、核心信息系统、核心信息业务和数据集成上云，深入强化云应用。

（3）切实推行智能制造新模式，联通中小企业在生产过程中的各个环节的全数据链。大力支持企业深挖数据价值，推动设计、生产、仓储、物流等环节实现高效协同，将大规模定制作为引导，根据消费者需求创建能够高效反馈的生产运行管理体系，有效提升制造业发展模式的变革速度。

（4）发展一部分工程技术服务企业。针对重点行业建设智能工厂、智能车间、智能生产线以及智能制造单元，以示范推广和技术对接的方式促使企业运用智能化装备和先进技术，推动企业对存量装备进行智能化改造的进程，提升企业的智能制造水平。

◆ 以平台赋能为重点推动行业数字化转型

重点行业的数字化应在ICT领军企业、制造业龙头企业和互联网平台企业的引领下，以行业特点和运作方式为基础，采用共享数据资源、完善运营机制和选择不同作用点、不同重点、不同方法的方式实现转型，具体策略如下。

（1）加速建设自主可控的数字化赋能平台，在重点行业中广泛应用工业互联网平台。发展强化部分企业级、区域级、行业级平台和具备国际竞争力且跨行业跨领域的工业互联网平台，建设特色化的工业互联网平台和应用体系，融合先进制造业和互联网创新实现高速发展。

（2）加快工业互联网共享关键资源和工具的步伐，增加投资，为中小企业提供更好的服务，利用工业互联网平台资源为中小企业提供更加便捷的数字化途径。针对研发、市场、产品、企业、行业等数据资源建立分类分库的软件工具库、数据模型库和行业信息库,便于企业协同对接数字化资源。鼓励开发适用于中小企业的设计和制造,支持中小企业采用以采购、设计、营销等环节为中心的供需对接、众包众筹、产业电商和集成供应链等应用,以中小企业应用大企业建设的平台的方式实现双轮驱动,促使产业链中的各个环节形成良性互动并有更好的发展。大力推进工业App的创业创新,持续为工业技术软件化应用提供多样化的解决方案。

(3)发展出部分以数字化平台为基础的虚拟产业集群,对整个社会的创新创业资源进行深入挖掘,以人工智能、网络安全、硬软件开发和大数据应用分析等大赛为依托,创建核心是工业App架构和新型工业操作系统的智能服务生态,使数字化产业当中的大中小企业均能竞相创新、各具优势、梯次发展,产生新的数据驱动增长点。

◆以生态建构为重点推动园区数字化转型

产业发展的关键性载体是产业园区,它在促进体制改革、引导产业集聚和改善投资环境方面有着至关重要的作用。传统产业园区大多存在管理效率低、运营模式旧、配套服务差等缺陷,无法带动产业发展,也难以产生产业集聚效应。

企业若要对传统的组织方式、生产方式以及管理方式进行革新,推动传统产业向数字化转型,应通过数字化改造园区的方式对各类产业平台进行整合提升。基于园区管理和运营平台,围绕产业服务平台和大数据运营平台推动园区数字化建设,将传统产业园区转向智慧园区既能为传统企业提供全方位的有效服务,还能加快培育相关新动能的进程,塑造良性循环的数字化生态,具体策略如下。

（1）完善园区数字化基础设施，运用数字化手段对园区的管理、设计、规划和建设等方面进行管理，以整合信息技术和各类资源的方式在园区建设与运营的每个环节中渗透"智慧"，实现多层面分析园区的整体数据，提高园区的智慧管控水平和服务水平。

（2）以企业的发展需求和人才的精神需求为中心，大力推进小微园、特色小镇、产业园区、产业集群等数字化转型，促进工业园区数字化服务平台的广泛应用，快速探寻出能够促进产业升级的大数据解决方案，规划并创建部分示范性数字化小微企业园。

（3）针对园区企业进行数字化转型时的共性需求，根据数字化规律和特点，基于原本的公共平台，推动政府、企业、金融机构、高校院所与中介机构等进行紧密合作，研究基础共性技术，创建、提升并融合测试认证、应用示范、人员培训等各环节的支撑体系，从根本上缩减中小微企业的数字化成本。

产业数字化转型的对策建议

◆加快建设数字技术高效供给体系

要加速建设数字经济创新平台载体和提高技术创新水平，其中原创技术和基础理论研究的创新水平需要着重提高。创建并扶持部分具备优势的特色学科和专业，强化对大数据、云计算和人工智能等数字技术的基础研究。

着重关注未来的网络、机器人、智能制造、边缘计算、无障感知互联、泛在人工智能与泛在信息安全等重点领域，对世界范围内的人才和平台资源优势进行联合重组，与全球顶尖的科研机构和人才团队进行合作，破解"卡脖子"核心技术难关，推动部分示范应用工程和重大科技攻关专项的实施，加快研发和创新具备原创性、融合性的数字技术，争取在人工智能、工业软件以及集成电路等领域中获得许多原创性、标志性的创新成就。

鼓励企业以技术创新为主体创建具有行业影响力的高水平企业技术中心，引领企业踊跃参加国家在数字经济领域的大科学装置建设、大科学工程、"卡脖子"核心技术攻关以及制定国内标准甚至国际标准。

◆着力解决数字创新人才紧缺问题

（1）针对数字创新人才确立相关能力素质标准。以企业对人才的能力需求为基础，制定各级数字技能人才的风险管控和业务运营等跨界能力以及专业能力的标准，将数字专业技术人才融合进各传统行业中，并完善以能力水平为基础的数字技能人才职业化等级台阶设计，点明数字技能人才的成长路线。

（2）加强校企合作和政企合作，以建设企业大学和企业培训基地等方式支持各高校以市场的人才需求为依据开展相关课程，以推进企业与高校共同设置课程、设计教学、开发实训课程等方式，提早培养精通经营管理和信息技术的"数字工匠"。

（3）行业协会、咨询公司和培训机构等第三方组织充分发挥对数字技能人才培养的作用，由第三方的专业组织在一定程度上承担继续教育、资格评定以及国际交流合作等工作，推进构建有效融合行业规制和政府规制的数字技能人才培育体系。

（4）积极创建良好的人才引进和培养环境，针对人才的引进、培养、使用、评价、激励和保障制定灵活有效的政策。

◆ 强化传统产业数字化转型政策支持

政府作为传统产业进行数字化创新的"后台服务器"，要提高服务水平和政策精准度，针对传统产业的数字化发展制定相关政策意见和配套政策，对金融、财税、土地、人才等政策要素进行联合重组，大力推进传统产业的数字化转型。

在财税上，要加强统筹财政专项资金，增加各级财政部门对传统产业数字化转型的资金投入，大力支持数字经济领域中的试点示范、重大平台以及重大项目。研究设立传统产业数字化发展基金并和社会资本共同设立关于数字经济发展的投资子基金，以市场化的运作方式经营各级政府产业基金。对于数字经济领域中的软件和集成电路，要积极贯彻相关税收支持政策以及重大技术装备首台套政策等惠企措施，确保政策能够有效实施。

在人才上，要建立健全人才激励机制，鼓励设置股权激励、设置科技成果转化奖励试点，支持相关企业以这些方式招揽核心团队和人才。不仅如此，还要完善并保障传统产业在数字化转型时的用能、用地、创新、排放等要素资源。

◆ 积极部署新一代信息基础设施

我国新型基础设施主要由5G、物联网、人工智能和工业互联网等数字化设施组成。在企业对工业网络的需求呈现高可靠、低时延、广覆盖的特性时，必须快速升级IPv6、5G等新一代信息网络，对云计算、工业互联网等新型信息基础设施的架构进行强化，加快智能化改造传统基础设施的速度。为积极推进新一代信息基础设施建设，我国要采取以下三大策略。

（1）快速推进5G布局和商用，统一筹划5G基站建设和网络布局，力求高度融合5G与大数据、人工智能、工业互联网等，产生典型行业、企业的示范效应。

（2）在工业互联网领域推动IPv6的广泛部署和应用，激励重点工业企业和典型行业实施工业互联网IPv6网络化改造，使互联网在承载能力和服务水平方面得到提高。

（3）支持运营商为工业领域的企业，尤其是其中的中小企业完善网络专线建设、精简接入手续，进而缩减资费。

第3章
战略路径：企业数字化转型升级

企业数字化转型的内在机制

随着数字经济的不断发展，智能化与数字化以互联网和信息技术为支撑，为现代化企业创新和竞争提供了全新的方式，影响企业的生存、生产与经营。数字化技术将相关产业的形态和平台予以全新打造，将买卖双方的交易模式也进行了重新构建，使企业的生产设备、交易过程以及物理世界实现了数字化后的再连接，切实推动企业的竞争领域由实体空间转向网络空间。数字化转型实际上便是借助数字技术对相关企业进行智能化、数字化改造的过程，在改造中充分利用实时流动变化的海量大数据，不断地将企业发展中面临的不确定性进行化解和明确，来促进企业生产效率的提高。具体而言，企业数字化转型的内在机制表现主要分为三个方面。

◆ **业务流程向集成价值链转型**

传统的业务流程被新兴技术改造的同时，与之相关联的企业价值链和生产状态也在随之发生改变并逐步重新构建。一是数字技术的大规模应用将会出现大批富余劳动力，促使劳动力从重复性强、标准化、简单且低端的工作中解放出来，转移到更有价值的工作中，比如研发、设计、营销以及售后服务等，不断提升企业的劳动生产率和创新能力。二是数字化技术的大规模应用能够对企业相关的生产状态进行更加准确的监督和把控。对生产环节予以数字化改造，对企业进行更加全面、精确的把控，实时采集生产状态数据，有助于促进生产决策精确性、有效性的提高。

数字化技术对企业价值链集成具有重要的影响，主要分为两个方面。

（1）产品研发设计与生产制造环节的集成。企业以数字化技术为支撑，促进产品研发设计和生产制造等环节对市场多样化需求的快速适应，推动相关产品的创新与升级。

（2）采购、生产以及物流环节的集成。数字化技术的渗透将企业的物流、资金流以及信息流互联互通，协助企业在运营过程中能够针对相应的生产需求实现精准采购，能够更好地满足客户需求，实现定制化、个性化的生产，大大地提高了企业运营过程中的效率和质量。

◆ **产品理念向个性化转型**

数字化时代使得消费者的需求日益向个性化、定制化的方向发展，消费者的诉求也不再仅限于传统的价格、质量、实用性等功能性诉求，而是逐渐转向服务、参与、沟通、社交、分享等体验性诉求。消费者对相关产品和服务的需求逐渐由被动接受转变为主动要求，倒逼企业进行改革创新，必须具有较强的信息挖掘、整理和使用能力来应对市场和消费者提出的新要求。数字化时代为企业提供了更加高效便捷的数据获取与数据分析工具，将消费者的信息通过"留痕"平台进行收集整理，比如社交平台、购物平台或者搜索平台等，对收集整理后的相关信息进行系统分析，提取消费者的偏好信息，不断发掘消费者的潜在需求和个性化需求。

工业经济时代，缺乏有效连接企业与消费者的信息系统，导致两者之间很难建立起密切的联系。也正因为如此，即使工业化体系十分重视企业创新过程中消费者的参与，企业的经营模式主导者也逐渐由以往的制造商、中间商转向了消费者，但事实上，消费者的实质性参与仍然没有得到有效的实现，依旧存在成本高、途径少、难度大等瓶颈痛点。数字经济时代以互联网技术为支撑将万物互联变成了现实，消费者的信息获取能力因此得到了极大的增强，实质参与的成本减少、途径增多、难度降低，多样化、个性化的需求表达成为可能，有利于企业产品理念的转型，不断向定制化、个性化、多样化靠拢。

◆组织结构向平台化转型

科层制或称官僚制是一种理性化的管理组织结构，也是工业时代下一般企业和组织的标准范式，它建立在马克斯·韦伯（Max Weber）的组织社会学基础上，体现了德国式社会科学与美国式工业主义的结合。科层结构已经无法适应当前响应快、迭代快的互联网环境。随着数字化时代的不断发展，复杂性、动态性和不可预测性成为组织面临的主要环境生态，无处不在的不确定性，频繁的组织内、外部沟通互动，日益模糊的组织边界，都迫使企业不断提升市场竞争力，增强环境适应能力，持续推动组织结构向开放型、包容型发展，在组织沟通上也应该更加务实和高效。

当今技术和市场环境下，组织形态特征日益网络化、扁平化、柔性化，逐渐呈现出大平台、小前端的发展趋势。以BAT等为代表的平台模式将会是未来组织形态的主要表现形式，它能够根据动态市场环境的变化及时地做出调整与应对。企业在面临因部门分割而产生的流程中断或分散等状态时应及时地调整和改进，建立流程驱动的扁平化动态组织，以为用户创造价值为基点，梳理与完善跨部门的业务流程，横向打通部门壁垒，切实推进企业向好向上发展。

路径1：以数字规划为起点

"十四五"规划中明确提出"加强数字化发展，建设数字中国"，这一重要战略，涉及企业战略、组织、技术以及文化等方方面面，是一项以新一代IT技术为核心、"数字技术+管理创新"双轮驱动的系统性工程。

作为数字化转型主力军的企业，必须明确责任与担当，依据转型的目标与方向，重新定位企业的战略愿景，以"数字规划、数字能力、转型价值、数据驱动、生态协作"等为数字化转型的主要思路，以"明确企业发展战略、提升企业创新能力、打造数据治理体系、构建系统解决方案、推进业务优化创新、重视数字人才培养"等为重点任务，以数字化转型的整体方法论为指导规划实施路径，在持续稳定地推动转型工作的同时完善组织、技术、数据以及管理等方面的保障措施，实时评估转型过程中的效果，及时进行工作思路和方法的调整和优化，保证数字化转型目标的最终实现。

数字化转型不是简单地将某一项新技术投入使用，而是一次涉及企业战略、人才、商业模式以及组织方式的全面变革，深刻影响着企业的发展。越来越多组织单位的最高领导人参与到企业数字化转型进程中。面对成本越来越高、风险越来越大的企业数字化建设，企业必须谨慎启动数字化转型工作，将领导主抓、战略关联、价值驱动以及"由点及面"的原则纳入考虑范围，把握数字化转型过程的关键点，切实推进数字化转型的深入发展。

数字化转型作为一个系统性工程必须有相对应的顶层设计指明方向。利用数字化思维与科学方法整体规划做好顶层设计，是企业进行数字化转型的关键路径与方法。企业应该以客户体验与业务战略为重点，立足当下，着眼未来，进行数字化顶层设计的统筹规划，主要包括以下几个方面。

（1）设置与企业实际状况相适应的数字化转型愿景与目标，引导企业数字化转型。

（2）对企业数字化转型的基础进行评估，寻找不足并明确改进的方向。

（3）以转型框架规划为基础设计企业数字化转型的蓝图。

（4）评估企业数字化转型方案的优缺点，进行优先排序，完善数字化转型方案。

（5）设计相应的指标来评估数字化转型效果，完善数字化转型效果评估的组织、评估方法与周期等相关机制。

路径2：以数字能力为主线

数字能力是数字时代重要的生存技能和知识资产，能够协助企业提高资产的使用率、提升业务获单和履约水平，使企业在数字化转型的激烈竞争中突出重围，不断提高企业的核心竞争力，为成功转型奠定坚实的基础。企业数字化转型必须以基础数据为支撑，并能够学习新知识、应对新挑战、适应新场景、开拓新业务，否则便是纸上谈兵。

因此，数字化规划的落地离不开数字能力的提升，坚持以数字能力为基础是企业数字化转型的主要工作路径。充分利用新一代数字技术实现对平台全方位、多层次的改造。数字能力的提升包括以下三个方面。

（1）利用传感器或相关软件进行数据采集，与本地基础设施建设相结合进行数据信息的储存，或者通过5G、云技术等将数据上云。

（2）以边缘计算、云计算等技术为支撑，提高数据治理能力、开展数据治理活动，将企业大数据与感知硬件、核心技术、云平台等深入融合，以促进企业形成数据驱动的发展模式。以企业云平台建设为基础，在业务共享服务调用中将技术组件与算法进行封装，形成技术服务组件，提高快速处理业务的技术能力。

（3）充分利用AI、大数据以及系统集成等技术，在以恰当合理的形式呈现数据的同时，将其应用在各类业务与运营场景中，为企业的数字化、智能化发展赋能，实现企业管理升级，提高决策能力和决策水平，不断对相关业务、组织以及流程进行优化，实现业务模式的创新。最终达到数据资源的整合，促使各环节数字链条间的断点互联互通，形成全流程的数据闭环。

路径3：以转型价值为导向

社会价值的创造是企业一切活动的指路灯。每家企业自身的经营状况、所面临的市场环境和行业业态都不相同，但无论是为了提升竞争力，还是更好地发展业务，其转型与变革必然是以创造商业价值与社会价值为目标和方向的。一旦将价值导向予以明确，数字转型就产生了独特的价值与意义，其转型的必要性才能得到企业内部各层级的认可。

以此为基础，将企业外部的力量与企业内部的经验进行融会贯通，携手构建数字化转型战略规划与能力主线，并积极促进其在相关业务场景中实践与落地，有效推进企业数字化转型升级的进程。企业数字化转型在企业价值的提升与创造方面一般表现为以下三个特点。

（1）促进新产品与新服务的形成，不断创造和丰富企业价值。以数字化技术为支撑，并将其与产品全生命周期的价值创造相挂钩，涵盖产品（服务）需求分析、产品（服务）生产制造、交付和服务的各个方面，为企业创造新的价值，为客户提供新的体验。

（2）提升企业对内价值，如资产运营效率等。以高效率、低成本、较灵活的各类资产组织为重点，实现内部运营持续、有效、高质量地进行，支撑相关业务活动的开展。

（3）提升企业对外价值，如业务履约能力等。借助数字化网络的力量整合产业链资源，及时与客户进行沟通，以满足客户多样化、个性化的业务需求；以数字化转型为契机，探索市场新领域，创造商业新模式。

路径4：以数据要素为驱动

2020年3月30日，中共中央、国务院正式出台了《关于构建更加完善的要素市场化配置体制机制的意见》（以下简称《意见》），《意见》明确将数据列为新型生产要素。充分利用AI、物联网、大数据等数字技术，将个人、企业以及政府等组织的行为所产生的数据，进行收集与整理，在智能生产、柔性供应、精准营销、智慧运营、生态协同等业务领域实现数据驱动，助推企业优化客户体验、提高制造效率，创造社会价值，具体表现在以下三个方面。

（1）数字服务：企业在服务的过程中收集、整理与分析数据，更加清晰地掌握客户的喜好与个性化需求，精准地触达目标客户，提高营销活动的投入产出比。在市场策略的优化过程中，以全方位、多维度的销售数据分析和可视化呈现来驱动销售业绩的增长。通过数字技术将服务链延长，将服务价值由一次变为多次，实现企业营收的提高。

（2）数字生产：及时收集和整理海量的工业数据，精准分析，不断优化制造资源的配置，为社会提供符合市场需求的高质量产品，实现企业柔性生产的降本增效。通过数字技术赋能生产流程，对生产过程予以监督，保证生产质量和产品质量，为企业打好口碑、做好宣传。

（3）数字管理：连接、打通并整合系统与系统之间的数据，实现业务场景的一体化分析，企业以此为依据对自身经营管理进行更深入的剖析。在促进流程优化的同时还能够以数据驱动智能化决策，在不同的场景采用具体的、有针对性的模型算法和第三方服务商。

路径5：以生态协作为支撑

推动企业发展与生态协同，是数字时代竞争发展的重要趋势，在创新中不断加速传统企业的数字化转型进程。在新IT技术的支持下，企业内外部互动的直接接触，企业与市场之间的边界越来越模糊，企业内部成员与生态成员之间的协同也越发高效频繁，生态意识与生态思维的觉醒促进组织形态的优化和发展，将其由封闭的机器转化成开放的体系。

以平台为产业运营的核心，促进了传统产业集群以超级企业为核心的转变，打造更加开放、广泛、协同的合作生态，聚集创新力量，以技术创新和产品完善为支撑，利用生态协作的方式加强行业方案场景化设计，赋能变革与创新。未来，"平台+生态"的商业模式将会成为产业变革的潮流，不同规模的企业所采用的方式有所不同。

（1）产业链龙头企业：构建产业平台，对相关数据、算法、算力等资源进行整合，通过对应平台连接客户、供应商、员工和合作伙伴，实现价值链资源的汇聚与系统的优化配置，助推企业业务和管理的创新，提升数据驱动的生态运营能力。

（2）中小型企业：充分利用产业链龙头企业所释放的平台能力，上云上平台，实现企业的转型升级。通过数据上云让链主企业更加清晰地了解小微企业的数据和信用情况，利用链主企业的稳定性实现与银行等金融机构的联合，产业链上的微小企业也因此能够获得更加便捷的贷款服务。

第二部分
智能制造篇

第4章
数字经济与智能制造的融合路径

数字经济与制造业的深度融合

随着经济快速发展,我国已经步入了追求高质量发展的新阶段,开启了"十四五"奋进新征程。"十四五"时期是我国由全面建成小康社会向基本实现社会主义现代化迈进的关键时期,"十四五"(2021—2025年)规划是开启全面建设社会主义现代化新征程的第一个五年规划。为了第二个百年奋斗目标的实现,我们要坚持新发展理念、构建新发展格局,大力发展实体经济,推进实体经济提质增效。

制造业是大国发展的根基,更是实体经济中不容忽视的关键。经济的高质量发展与制造业的发展息息相关,以科技创新为依靠,不断提高制造业的生产效率和供给质量。当前,数字技术飞速发展,大数据、物联网以及AI技术与企业发展的融合,数字经济与实体经济的交叉,促进了经济发展模式的创新、改写了经济面貌,实现了从生产、消费到流通各个环节的优化升级,引起了全球范围内的广泛关注。

近些年，技术不断创新并广泛地得以应用，数字技术在经济发展的生产端、消费端与流通端不断延伸、扩张，数字经济在传统产业改造升级、提高生产效率等方面也发挥着不可替代的作用。

具体来说，数字经济是"产业数字化"和"数字产业化"的结合。数字经济以"产业数字化"推动传统企业的数字化改革，促进其整合与重新构造，实现传统产业的提质增效与再生；数字经济充分利用"数字产业化"将知识与信息数字化，构成新的生产要素和新的产品，为企业培育新的产业业态，为资本、劳动力、技术等其他生产要素提供更加优质的发展平台和更加广阔的发展空间。

"产业数字化"与"数字产业化"相互促进，携手推动数字经济与实体经济的深入融合。与此同时，数字经济的发展规模也越来越壮大。

随着国内形势以及国际形势的不断变化，制造业与数字产业相比，在经历了长期的高速增长后，开始暴露出一些值得深思的问题。

（1）高投入、高产出、高污染的"三高"生产方式使环境保护迎来了巨大的挑战，资源浪费的现象也十分严重。

（2）粗放式、外延式的发展方向，导致重复投资的现象时有发生，产能过剩问题十分突出。

（3）创新投入的不足，使供给质量依旧没有得到可观的改善，关键技术不过硬，长期受制于人。

（4）过度依赖出口的拉动，导致国内外市场发展不均衡，对国际市场高度敏感，面对国内市场却有很大不足。

一直以来，我国制造业大而不强、全而不优的状态与特点依旧没有得到彻底的改变，产业安全隐患长期存在，影响和制约了经济的高质量发展。从进入21世纪开始，国内外环境变化复杂，加上我国长期存在的人口红利优势逐渐消失，资源约束越发紧张；国际政治经济秩序不稳定、不确定性因素增多，贸易保护主义和逆全球化势力有所抬头。

在百年未有之大变局下，我们必须充分把握新一轮数字技术发展带来的"数字红利"，把握机遇，不断促进数字经济与制造业的融合与发展，推动制造业生产效率以及经济效益不断提升，为我国经济稳定发展保驾护航。充分发挥制造业立国之本、强国之基的作用，以制造业为支撑，在当今逆全球化趋势抬头的形势下，保持国家经济社会持续稳定，是国家经济的命脉所系。

数据要素的深度开发与使用是数字经济与制造业深度融合的关键，在数字技术的支持下，将数据与信息进行收集整理、传输、加工与使用，以促进产业链中各环节数字化转型，不断提高制造业的生产效率与产品质量。在数字经济与制造业的深度融合中，除了以往的土地、劳动力、资本和技术之外，数据也成了一种生产要素，渗透、融合在生产过程中，甚至引领各环节的发展，为制造业的转型注入新动能。

产品：生产的定制化、个性化

企业在传统生产模式的市场竞争压力下，大多生产标准化、无差异的产品，这是规模经济所带来的成本优势，但却无法使消费者或者客户的个性化需求得到满足。互联网、大数据、AI等数字技术的兴起与发展，为企业定制化、多样化的生产降低了成本，使消费者个性化需求的满足成为可能。

从消费者的角度来看，数字技术的发展与大规模应用大幅度地降低了搜寻成本，消费者能够根据自己的喜好快速寻找并购买到符合需求的产品，使消费体验感大大增强，消费需求也因此向多样化的趋势发展。

从企业的角度来看，企业以数字技术为支撑快速、低成本地掌握和了解消费者的喜好，不断发掘其潜在消费力，借助数字技术与数据信息的收集整理进行系统决策和统筹安排，更好地指挥企业原料采购、生产与销售，将以往大批量、标准化的工业化生产转向小批量、个性化的数字化生产。

小批量、个性化的数字化生产能够提高企业的竞争力和经济效益，使企业能够依靠个性化差异避免同质化竞争。也正是因为如此，近些年个性化制造成为企业发展的热门趋势。消费者在个性化、定制化的生产方式下，能够以留言评价、在线购物等多种快捷方便的方式，低成本参与产品的设计与制造，而不是像传统的消费一样，只能被动地接受生产过程以及所生产的标准化、无差异的产品。消费者以互联网为载体，实现个性化需求的传输，让企业能够了解客户需求的同时协助企业设计出体现独特个性的产品。

技术：生产的智能化、网络化

技术的进步能够赋予企业实现高效增长的能力，使企业保持一定的竞争优势。数字技术作为当前技术进步中的典型，其发展很大程度上促进了制造业生产效率的整体提高，具体通过两个方面表现出来，如图4-1所示。

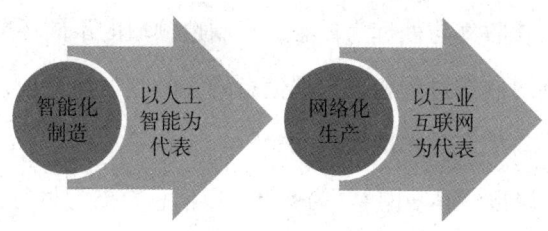

图 4-1　数字技术赋能制造业的两个方面

智能化制造是一种智能决策、智能生产的制造模式,它能够利用互联网、大数据以及人工智能等数字技术,针对制造业的各个生产环节,如设计环节、制造环节、管理环节和服务环节等进行优化,实现制造模式的智能化。智能化制造模式能够在优化生产流程的基础上,缩短生命周期,提高生产效率。

从近些年智能化制造领域的发展状况来看,发展最为迅猛的无非是人工智能,它通过计算机模拟人的思维过程以及智能行为,使很多以往只能由人工完成的智能任务被机器代替完成。人工智能的兴起和应用极大地冲击了传统的生产模式,提高了生产自动化水平的同时减少了人力资源成本,使资本回报率有所提高,有利于资本积累。

人工智能在完成复杂生产任务时,其成本与劳动力成本相比更加划算,还能减少和避免人工操作中的失误,从而大大扩大企业生产规模、提高产品质量;人工智能能够与其他生产要素,如劳动力和物质资产等,产生互补效应,以此提高其他要素的产出效率。正是因为人工智能的这些特性,它的应用普及能够提高我国制造业的智能化水平,为制造业的发展注入新的活力、提供新的舞台。

工业互联网是一个由互联网连接起来的物理网络,主要包括传感器、机器、设备等,通过大数据技术将工业互联网所收集到的工业数据进行一定的解读与分析,促进传统工业的转型与升级。工业互联网以工业信息的网络化收集与处理为核心，在制造领域的不同环节部署相应的传感器，实现对制造过程相关数据信息的实时收集与整理，精准控制工业环节，最终将生产效率推上新的台阶。

工业互联网以"互联网+"为支撑、以信息数据为驱动、以决策模型为核心，提供智能决策。它能够将机器与机器、机器与生产系统、生产企业与生产企业以及企业的上下游进行实时连接与智能交互。因此，工业互联网一方面是智能化制造的延伸，另一方面也是网络化生产发展的方向。

组织：生产的协同化、柔性化

面对变化快、不稳定的市场竞争，数字经济的发展以及数字技术开放、平等、共享的特点使越来越多的企业摒弃传统的生产组织方式，开始尝试更灵活、柔性的生产方式。互联网、大数据等数字技术的发展使信息收集整理与分析更加方便快捷，大大降低了信息的交易费用和协调成本，促进更大范围和更深层次的市场分工，企业组织的形式也日益趋向协同化和灵活化。企业在不同的行业和领域，借助互联网快速协同、响应市场需求，将生产流程进行分解，共同完成生产任务。柔性生产与虚拟企业是众多灵活的生产组织方式中的典型。

柔性生产是针对大规模生产弊端而提出的新型生产模式，能够以市场为导向，根据相关需求以及市场变化来实现生产计划、生产布局以及生产线的调整与优化，切实提高生产的灵活性。数字经济的发展，使消费者参与企业生产的成本和企业调整生产计划的成本大大降低，企业能够灵活便捷地为社会提供定制化产品。

第二部分　智能制造篇

2021年世界人口已经突破78亿，其中，中产阶级消费人群的不断扩大有望形成巨大的市场，进而影响消费布局。硬件产品的销售核心逐渐转化为带有客户需求以及产品"信息"功能的系统，个性化定制也逐渐成为潮流。生产企业内部必须对现有的生产规模进行更新，以满足全球各地不同市场对产品需求的多样化、个性化，以柔性技术为基础的生产模式逐渐发展为新趋势。

柔性制造系统是一种复杂、准确、迅速且高度自动化的系统，能够通过最少的人工干预，生产任何范围内的产品族，系统的柔性通常受到系统设计时所考虑的产品族的限制。柔性生产的出现与发展对相关技术提出新的考验和挑战。

一方面，企业工厂内，工业机器人需要更加灵活的移动性、更加强大的差异化业务处理能力，才能够满足柔性生产的需求。5G技术应用使柔性化生产成为可能，它极大地降低了机器与机器之间协作的线缆成本，利用高可靠性的网络进行全范围的覆盖，使机器人在不同的移动区域内畅通无阻，能够根据需要及时准确地到达各个目的地，快速掌握不同场景的具体工作内容以及不同工作内容之间的平滑切换。

5G网络是企业满足各种差异化业务需求的关键支撑。大型工厂的不同生产场景对网络服务质量的要求也有所不同。时延的长短决定了精度要求高的工序环节完成的质量与效率，网络的可靠性、海量数据的分析处理效率则影响着一些关键性任务的执行与完善。5G网络以其独有的自身特色以及端到端的切片技术，以需求为调整服务的标准，同一个核心网络便能够进行灵活处理，如将设备状态信息设置为最高的业务等级等。

另一方面，5G能够协助企业构建全方位的信息生态系统，实现任何人和物在任何时间和地点的信息共享。企业与消费者之间的关系与传统模式相比更加平等，消费者能够更加主动地对相关企业提出个性化商品与服务的需求，并有效地参与到企业的生产过程中。消费者借助5G网络参与产品设计，能够不受地域的限制，实时查询相关产品状态的信息。

虚拟企业是工业经济时代具有不同资源与优势的企业进行协作生产、信息技术共享、互惠共赢的临时网络组织，能够实现共同市场的开拓，以较低的成本为协作企业获取最大的竞争优势，是信息时代企业组织的创新形式。一般而言，虚拟企业是围绕某个特定任务而组建起来的。互联网等信息技术将各个企业和厂商进行连接，有利于跨地域协调，迅速抢占市场，进行费用分摊和利益获取。与传统的产业集群相比，虚拟企业组织更加灵活、开放，数字技术的发展让虚拟企业的组建变得更加快捷方便，这进一步加速了企业柔性化生产的转型，能够更有效地满足消费者个性化、定制化的需求。

数字经济与智能制造的融合路径

一方面，企业应该对数字技术进行更加主动的学习，以提升智能化水平和协同化水平，最终实现高效的数字化转型目标。目前，我国经济正处于产业转型升级的关键阶段，制造业企业必须迎接机遇和挑战，充分利用新型数字技术的创新成果，不断加快数字转型步伐，促进企业数字化转型。

在生产实践中，重视数字平台的建设，将AI、大数据等数字技术深入融合到各个环节，促进智能制造以及智能控制的实现，将资源配置效率以及生产效率推上新的高度。加快建设智能车间以及智能工厂，促进智能制造代替传统制造,将落后的生产工艺进行优化或者淘汰,实现生产流程的升级;建设企业经营大数据平台,实时收集企业生产、销售以及经营风险的数据,以此为基础分析企业的生产经营状况,协助企业进行科学决策;以互联网以及大数据技术为支撑搭建生产协作平台,借助柔性生产以及虚拟企业的形式不断提高生产协作的能力,使企业能够在市场需求发生变动时快速响应,提升产品竞争力;加大对员工数字化、信息化相关知识与技能的培训,使员工具有能够满足相关需求的数字素养,提高员工整体的劳动生产率。

企业的数字化转型发展与技术创新息息相关。互联网、大数据、云计算、区块链等技术的兴起与应用,使技术革新飞速发展,知识存量也爆发式增长。技术的创新能够最大限度地将数据潜能发挥出来,优化生产流程和组织形式,以更好地满足消费者个性化、定制化的需求,不断提高企业生产效率与经济效率。

企业应该找准突破口,硬件层面和软件层面两头抓,从智能制造与工业互联网两个方面着手,加大数字创新研发投入,以吸引相关领域的人才,促进先进技术的扩散与应用,实现产业链与创新链的深度融合。同时,增强主动意识,将发展需求与高校、研究院等科研机构进行对接、寻求合作,促进研发资源共享,不断推进全社会创新代替以往的单一研发部门创新,在实现企业研发水平飞跃的同时,降低企业研发成本,抢占制造业市场,提高竞争力。

另一方面,政府的作用也不容小觑,切实完善当前的制度环境,不断推进数字基础设施的建设,充分释放数据要素潜能。数字技术与数字经济的发展,使得传统产业也随之不断分化、融合,政府面临新业态、新模式的不断涌现不得不做出改变,优化和调整以往传统的治理模式以及规制方式，不断提高数字治理能力，将数字化和市场化有机结合。政府是制度的供给者，而制度的质量和效果将会影响整体经济的表现和发展。在新发展阶段，数据要素市场的培育以及数字要素的潜能，都对政府治理能力以及政策环境提出了新的要求。

首先，政府不能"缺位"，要做好顶层设计，促进数字经济与制造业的融合，为制造业转型升级提供更好的环境；做好宏观调控，保证竞争秩序的公平公正，坚决打击垄断行为；不断提升服务意识和服务水平，在企业转型升级过程中为之保驾护航。

其次，政府不能"越位""错位"，必须充分发挥市场的调节作用，保证其在资源配置中的决定性作用，进一步简政放权，明确政府干预的边界，减少政府不恰当、不合适的干预，有效保护企业合法权益，提高经济效益。

最后，在硬件建设方面，政府应该不断加大对互联网基础设施以及服务的支持力度，为其提供相应的保障。立足当下，把握产业数字化、数字产业化的机遇，加速新型基础设施建设落地使用，政府必须尽快将相关扶持政策投入实践，使人工智能、5G、数据中心、工业互联网、物联网等新一代信息通信基础设施部署到位，更好地为相关企业进行数字化转型升级提供服务。同时，完善数字信息，打破信息孤岛，实现信息的共享与公开。以政府为主导，建立政府与企业、企业与企业、企业与消费者之间的信息共享平台，推动数据资源跨区域跨部门的开放共享，促进各方深度协作。

总之，通过软件建设与硬件投入的两头抓，充分开发数据要素潜能，使数字经济不断发展壮大，并为实体经济注入新动能，推动我国制造业的高质量发展，为其未来提供更加广阔的发展空间。

第5章
5G智能制造：数字化制造新应用

随着5G时代的到来，5G技术能够满足传统制造业的智能制造转型需求，特别是在无线网络的应用方面，将设备互联和远程监控结合，运用于工业环境之下，在工业典型应用领域，如辅助装备、自动控制、协同设计、柔性生产等领域中发挥着举足轻重的支撑性作用。以下便是5G+智能制造七大典型应用场景。

场景1：基于5G+VR/AR的协同设计

目前，制造产业正面临着各种各样的竞争压力，亟需由成本优势转型至技术优势，如何开发出更具技术含量，拥有自主知识产权的新产品，越来越成为制造产业链的热门竞争点。在传统的产品研发过程中采用的工程方法一般都是按顺序作业，企业的作业从设计开始，到工艺、检验，最后到制造都是相互独立的，组织和管理也不例外。设计人员往往忽略制造工艺方面的细节，导致工艺制造达不到设计要求，设计环节与制造环节脱节，最终产品的质量保证也成问题。

5G通信系统是一个大连接、低时延、大宽带的网络，高清视频多路回传和数据分析实时反馈都不成问题，安全性、稳定性也在4G网络的基础上有了明显的优化升级，对于那些对工厂信息安全要求较高的客户也能在更大程度上予以满足。同时，VR技术的融入将工业设计推向了新的起点，打通了设计与制造环节的通道，实现了远程工作人员与产品设计人员在虚拟场景中的沟通交流，完成产品的协同设计。

以数字化设计制造为基础，构建设计、工艺、制造链条中相互协同、互通有无的生产模式，是5G时代中产品协同设计的思路。通过对AR/VR技术的运用，将所有模块AR/VR化，重新组合形成一个完整的设备总控。

产品零部件从设计开始到生产以及装配的全过程中的各个环节，都能通过计算机呈现在强大的建模和仿真环境中，通过仿真实验进行设计改良和系统优化，将产品研发信息充分共享，使之贯穿于产品研发的全过程、各环节。

复杂设备和高端设备的制造，不仅需要单方面的努力，还需要多方供应商参与协作，最后进行整合。在研发过程中相关环节的使用材料和材质强度，都可以通过虚拟样机进行模拟，大大节约了研发成本，提高了研发效率。产品协同设计把数字样机作为核心，由传统的设计研发模式转向单一数据源的协同设计并行工作模式。

场景2：5G工业自动化控制

闭环控制系统是基于反馈原理建立的自动控制系统，使控制效率大大提高。在该系统中存在多个传感器，由这些传感器进行不间断性测量,将具体数据反馈给控制器,进行执行器的相关设定。典型的闭环控制过程周期极短,几乎能够达到无延迟的ms级别,因此,控制系统实现精确控制对系统通信的可靠性和时延要求极高,需要达到ms级别甚至更低的水平。传统的4G网络时延过长,无法快速执行部分控制指令,产生数据传输错误,导致生产停机,造成不必要的财物损失。

在规模生产的工厂中,自动控制能够在大量生产环节得到应用,通过无线网络连接海量的高密度控制器、传感器和执行器。而不同的应用在闭环控制系统中的传感器数量,控制周期的实验要求和宽带要求都或多或少存在区别。

5G通信系统能够提供安全可靠、时延极低、海量连接的网络,让闭环控制应用通过无线网络进行连接指日可待。

5G实测数据显示,5G的下行峰值速率达到20Gbps,是千兆级4G网络的20倍。5G网络时延低至1ms,是4G网络的1/5,5G网络的实力能够贴合云化机器人对网络时延的限制和可靠性的要求,实现最高精度的数据、时间同步,提供几乎无延迟的高效体验。

工业的实时控制一般分为两个部分:设备自主控制和远程实时控制,如表5-1所示。

表5-1 工业实时控制的两大内容

两大部分	具体内容
设备自主控制	集中反映在端到端的通信上,移动边缘计算(MEC)技术以5G通信系统为基础,在无线网络的边缘进行服务器的部署与安插,达到一个下沉的效果,使终端与服务器进行相关交互时端到端的时延大大压缩
远程实时控制	是远程控制技术的延伸,受控者需要以远程感知为基础,利用5G通信系统将状态信息发送给控制者,以达到远程实时控制的效果。控制者将受控者所发送的状态信息进行系统整合、分析判断、做出决策、予以反馈,发送准确、高效的动作指令。受控者实时执行相关命令,完成远程控制

场景3：柔性生产与智能装配

随着科学技术的发展，人们对产品的要求越来越高，产品更新换代的周期也不断变短，为了灵活适应相关需求，柔性生产线应运而生。柔性生产线能够提高制造工业的柔性和生产效率，根据订单的变化调整相关的业务，有利于实现个性化、多样化、定制化的生产。

以往的网络框架，在物理空间上对生产线各单位生产具有一定的网络部署限制，即使生产线上各单元模块设计都已经比较成熟，但一旦进行混线生产也会因此受到制约。

生产技术的发展对智能制造生产场景中的机器人提出了新的要求，机器人不仅需要具有自主实现有序化的自组织能力和协调能力，还需要能够灵活、有针对性地进行业务处理。云技术的嵌入将运算和数据存储功能转移至云端，极大地降低了机器人的使用功耗和硬件成本，机器人的自由移动功能，也恰好满足了柔性制造的相关要求。

◆ 5G柔性生产

5G技术中的eLTE相关技术具有以往网络技术不具备的稳定性和抗干扰性，5G通信技术的传输距离达10km，具有更大的覆盖面积，可联网设备数量也在原有的数量基础上增加了10~100倍，支持99.999%的连接可靠性，加上5G切片网络的应用将云化机器人的网络定制成一个个性化端到端的网络，让机器人的自组织能力和协同能力得以建立。

5G技术为柔性生产线赋能，主要体现在两个方面。

（1）生产线灵活部署能力的提高。柔性生产将更为广泛、具体地助力成本控制、全面优化升级产业线以及提高生产线的灵活部署能力。将

5G网络运用到生产实践中能够提高生产过程的可控性，使设备在生产线上摆脱线缆的束缚，与云端平台进行无线连接，快速地更新和拓展相关功能，在能够自由组合、拆分协调、移动重组的基础上，完成短期内的生产线灵活改造。

（2）弹性化网络部署方式的提供。5G网络具有软件定义网络、网络功能虚拟化和网络切片功能，在与企业的融合过程中能够在具体的业务场景中进行网络架构的针对性编排，灵活性较强，可以根据相关需求进行专属设计，打造最贴切的传输网络进行业务场景运用，还能针对性地为不同的传输需求整合与调配网络资源，利用宽带限制和优先级配置，保证各生产环节的网络控制功能和性能适配。以此架构为基础，原料、订单的变化都不会影响柔性生产线的工序，设备之间的联网和通信关系会随柔性生产线的灵活变化而变化，为企业在这个日新月异的时代生存和发展提供了更多的可能性。

◆ 5G辅助装配

传统的工厂装配过程与5G辅助装配相比不够柔性，前者离不开人工的参与和操作，必须找到正确的位置进行装配才会成功，这种装配方式在生产现场往往不能准确执行工艺技术标准，使相对复杂的工艺完成难度系数较高，施工过程和结果的核对手段不完善，在工艺参数和装配顺序的后续查阅中具有诸多不便。

4G网络无论是在宽带还是传输速度上，都无法满足智能辅助装配对传输时延的要求，导致视频等信息在传输过程中的卡顿，影响和制约工厂装配过程及运转。5G网络的加入，将AR、VR带进了工厂装配过程，让新任务和新生产活动的需求得以满足。

5G 网络高可靠性、大宽带、低时延的特点，使它能够将多个智能装配台协调起来进行工作。在 5G 网络、AI、AR 等技术高度融合的基础上，形成一套相对成熟的智能装配方案，配合装配生产，避免失误操作造成不必要的损失和影响，全过程、全方位引导，确保品质提高。

模拟装配的过程可以在确定相关工艺信息时发挥辅助作用。智能装配方案贯穿于装配过程的各个环节，在工人装配操作过程中为其提供全面的细节指导和相关注意事项。以 AR 为基础进行协同装配，能够在传递 3D 模型和抽象内容的交互信息时发挥优势，将实景交互内容进行传递，实时根据 3D 场景信息进行调整变动，让工艺人员在语音、标记等交互手段中进行直观的学习和具体的操作。

场景 4：质量管理与远程运维

◆ 5G+质量控制

目前，工业品的相关质量检测无论是传统的人工检测手段，还是将需要检测的产品与预定缺陷类型库对比的手段，都具有检测精确度低，效率低的缺陷，无法满足现阶段的高质量生产要求，学习能力和检测弹性也明显不足。而 4G 网络的固有缺陷导致很多操作无法实现系统联动，只能通过人工在线下进行集中处理，人力成本较大。

5G 的低时延、大宽带、高准确性使 5G+AI+机器视觉能够对 μm 级别的目标进行观测。整个质量检测过程中的所有数据和信息都是可追溯的，相关信息的整合和保留更是十分方便可靠，从而将整个质检流程的效率和质量推上一个新的高度。

与传统的人工观察检测不同的是,视觉检测能够将观测目标的相关信息转换成数字化信号,清晰地显示出观测物料表面存在的缺陷。视觉检测数据包含量大,传输速度要求高,5G技术的运用能够很好地满足这些需求,提供高质量的检测手段。

智能检测依托5G技术,通过大数据开发将信息进行整合、合理运用,建立专家系统的同时重视数据基础上的生产过程监督,对物料的缺陷进行检测和探伤。

生产制造的相关数据离不开5G技术在其中发挥的连接作用,5G的高速运算,将异常数据与专家系统故障特征进行直观、全面的对比,建立一个完善的故障诊断系统。

通过摄像机的拍摄将需要检测的产品、物料传输给系统进行信息比对和视觉识别,系统计算并根据系统中的相关实物进行对比,最终对物品合格与否进行判断。

基于5G技术的智能检测,直接通过数据分析进行故障识别和相关故障检测,解放了检测人员的双手,不再依赖于检测人员自带的手持设备进行波图观察,大大提高了相关检测的质量和效率,在降低时间、人力成本的同时也提高了故障的排除率。

◆ 5G+远程运维

大型企业的生产场景往往也比较复杂,时常涉及一些生产设备跨工厂、跨地域的维护和远程问题定位等相关场景。

工程师在传统的车间运行维护中将时间和精力大量浪费在不必要的地方,造成人力物力的大量消耗,成本也难以降低。工厂中的大量传感器日常数据庞大，必须重视大数据在设计中的重要性。5G网络的融入和应用，解决了工厂海量设备和部件之间相互串联的问题，使生产数据的采集更加及时，提高AI的感知能力，以网络支撑的形式为生产流程优化和能耗管理提供帮助。

5G的物联网终端可连接数量是十分巨大的，在这样的基础上，将各类传感器加装在相应的设备工具、机械仪器上，通过低时延的网络将传感器实时采集到的数据直接发送到云端。与当前的有线传输方式大为不同，5G通信系统能够端到端地传递数据。

传感器所完成的端到端数据的传递，是基于5G通信系统的无线传输，是低时延、无干扰、覆盖面广、可靠性高的信息传输。设备上大量传感器将其所采集到的数据直接传输到云端进行分析应用。在边缘计算、云端计算和数据分析的基础上，结合设备异常模型、专家知识模型、设备机理模型进行再分析，得出相应的产品体检报告，依据报告做出预测性维护、维修的针对性建议。

5G的广覆盖和大连接能够实现对远程生产设备从投入使用到淘汰的整个生命周期进行实时的监控，使生产设备的维护不再受限于工厂、地域，实现远程故障诊断和维修。实时监控设备状态，将设备状态分析等应用在云端进行相应的部署，将数据进行储存，启动与设备状态相对应的预防性维护和检修提醒，实时进行专业的设备运维。

将5G、VR技术运用于工业生产中进行故障检测与识别，可以满足三维模型实时渲染对宽带的需求，提升检测的准确性和安全性。利用5G高运算能力将异常数据识别出来进行分析，并与相关专家系统中的故障特征进行对比，最终依托5G技术形成故障诊断系统。

场景5：可视化数据监测

智能工厂的生产环节与物流、上料、仓储等方案的决策和判断息息相关，生产数据集中与整合、车间工作的具体状况、生产环境的日常监测等是生产决策、调整、运维时的重要依据和前提。4G通信网络的数据采集与传输效率，时间延迟与覆盖范围都无法满足智能工厂的生产需求，更无法形成完备的数据库。

5G技术克服了传统通信技术的固有缺点，能够满足智能工厂对网络平台全云化的新要求。大量传感器通过精密传感技术将信息状态快速上传，庞大数据在5G技术的支持下进行收集整理，形成相应的数据库，引导工业机器人自主学习和准确判断，根据具体情况给出最佳解决方案，打造真正的全透明可视化工厂。

在工厂部分生产场景中，充分依托于5G技术下的D2D技术（Device-to-Device，终端直通技术），实现物与物之间信息、数据的直接沟通，将相关业务端到端的时延进一步降低，更为敏捷地将网络负荷进行分流。终端直通技术让生产制造各环节时间大幅度缩减，有利于形成更加优质快捷的方案，提高生产制造的效率。

同时，利用5G通信系统的大宽带，融入人脸识别、行为识别和安全预警，实现跨地域的多个相机对每个人的检测和区分，获取相关时间内某个人或某一群人在对应区域内的工作轨迹。

在质量检测、行为识别与轨迹追踪中，深度学习利用海量数据进行分析整理，进一步优化资源与配置，不断提高工人的操作水平和工作效率。

在整个生产过程中实时监控，利用5G超强的计算能力预测生产过程中可能发生的危险，及时预警，使整个生产过程处在一个更加安全、可靠、有效的管理环境内。

场景6：5G仓储物流管理

◆ 5G+仓储管理

立体仓库的出现使空间的利用率大幅度提升，具有更强的出、入库能力，管理控制十分方便，有利于企业实现管理现代化。在企业物流的管理和运营、具体生产的投入和调度中，立体仓库已经成为不可缺少的仓储技术，受到越来越多企业的重视。

当今世界，技术和商品经济的迅猛发展，使得生产过程和流通过程中的各类物品的信息相互连接，各种原材料、半成品、成品共享于物料的搬运、储存和配送中，不再是一个个孤立的个体。

传统的智能立体仓库一般由两部分组成，即WCS和WMS，也就是我们通常意义上所说的仓储控制系统和仓库管理系统，管理软件对相关数据情况的分析和处理，建立在仓储信息能够实时回传到计算机的基础之上，如图5-1所示。4G网络时延和效率无法达到要求，传统的仓储管理在盘库和补货方面存在较大不足。

5G+智能仓储管理，能够很好地解决网络时延的问题，在可靠性强，能够实时通信的技术支持下及时盘库、自动补货。依托5G网络实时指导、协调各方，促进立体库的高效流通运转，与新型柔性制造转型需求不谋而合。5G通信网络以降低时延为主要优势,全面提升智能立体库的整体运算能力,使仓储系统实现真正意义上的自我运转和功能开发。

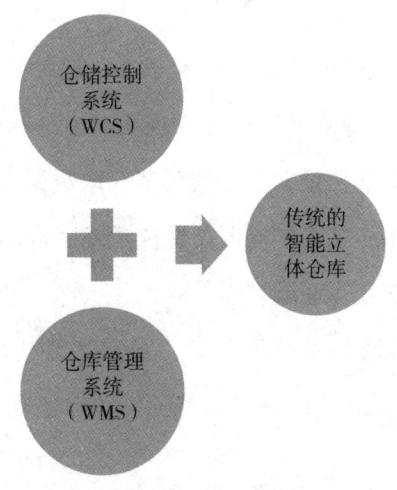

图 5-1　传统智能立体仓库的两大组成部分

智能立体库能够整体监控相关的库位信息,实时监督物料在边缘分析产线中的运转情况,利用5G技术的相关特性快速、高效地盘库,整理、分析出生产线的需求和与之相对应的库存信息。与此同时智能立体仓库能够自主地发送指令给相对应的运输装置进行取货或者补货,实现立体库端到端的信息互通。

◆ 5G+物流供应

依托于RFID(无线射频识别技术)、EDI(电子数据交换)等技术的相关应用,相较于传统物流仓库,智能物流供应的发展将诸多难题予以解决。但是,目前所运用的AGV调度一般将Wi-Fi作为通信的方式和工具,局限于外部环境的诸多干扰,在切换和覆盖能力方面也存在诸多问题。4G网络早已无法支撑智慧物流信息化建设的实现，必须着眼于借助海量的数据处理来协调物流供应链的各个环节，降低物流链体系成本，提高运作效率，才能解决制造业当前状态下的难题，协助制造业走出困境。

5G网络具有大宽带的优势，有利于进行相关的参数估计，支持精度极高的距离测量，将精准定位变为现实。5G网络中低时延的优势，能够更加方便、快捷地协助各个物流环节获取数据，在更加清晰明了地反映各个物流环节相应状态的同时将物流运输、商品装拣等相关数据传输到用户端、管理端和作业端。

智慧物流以5G通信系统为基础，最具表现力的便是其相应设备的自管理、自决策和路径自规划，整合资源，实现最终意义上的按需分配。

在5G低时延网络的嵌入中建立D2D的实时通信，依托于5G网络切片完善资源的整合与分配，克服传统资源分配中能源消耗高、时效低的缺陷，实现智能工厂AGV调度智能化，有利于多机协同运营，实现生产过程中物料信息端到端的高效连接。

一套完整的工装智能配送系统主要由以下几个部分组成：AGV小车设备、工装管理系统信息交互设备、扫码与工卡识别设备、调度系统、自动充电桩和手持终端呼叫设备等。

通过手持终端呼叫设备建立工装信息与调度系统直接的对话、交流，调度系统会根据所收到的相关指令，分析和确定工人对应工位、身份和物料的需求度，指派最合适的AGV小车进行调度，将RFID识别器安装在AGV上进行辅助工作，协助AGV小车进行物料的自动识别，更加快捷、方便地促进系统工作运转。

5G智慧物流供应物料的运转，无论是从库区到工位，还是从立体库到车间工位，都能在5G技术的支持下自主规划到达目的地的最优路径，在平台中深度学习实时障碍物避险，还需要实现自动开关升降门。工人在相关工位就位时，通过扫码与工卡识别设备完成相关物料登记后便可提取物料。AGV小车结合调度系统指令进行配送或者待定补充电量，全程自动运转无须干涉分配。

场景7：5G虚拟培训指导

传统工业培训效率低、效果差，在教学训练上缺乏专业性，实际操作中开机成本较高，无论是培训的场地，还是培训的人数都受到一定的制约。5G通信系统具有宽带和时延上的显著优势，能够通过自身强大的运算能力将AR、VR进行运用和控制，并将与之相对应的画面和声音实时、快速、准确地编码，形成视频、音频流，借助5G网络实时传送到终端。

5G将直观性地增强用户与用户、用户与环境之间的交互体验，在远程多人协同设计、虚拟工厂操作培训等交互性强的生产制造领域具有广泛的应用。基于5G技术的培训指导以低时延、高可靠性的网络为载体，借助于AR、VR和图像处理等技术，实现低成本、高效率的培训和考核。

AR眼镜、手机等能够进行信息采集的终端设备，借助于定制化的程序将图像、声音等信息在5G网络的支持下传回到云端培训平台，平台通过定制化的智能分析系统分析处理数据进行信息下发、考试情景再现和培训等操作，最后在复杂装配培训阶段为厂内员工提供有效记录，在追溯人员培训及考核阶段对产生的问题进行数字化纠查。

5G通信系统、AR技术与三维建模的融合，与爆炸图[①]和拆装动画的交汇，能够将远程培训可视化，实时指导用户开展相关培训并通过AR进行标注和智能交互。5G技术的运用使云端与现场实时数据得以传输，也让远程协助技术人员能够及时地介入，切实提高产品维修和装配的效率，降低成本。

基于VR技术完成设备的虚拟开机流程培训，可有效降低设备实际开机带来的成本。采用三维虚拟表达方式展示工业流水线和工业企业的内部结构，使培训人员了解工业工厂环境和操作工序；在对应环境中针对动火作业，机器人维修，高空作业，轧机作业等操作要求模拟安全防护的动作和要点，可让培训人员感受厂区环境，学习工种协同操作、作业流程、安全防护动作和要点，同时演示系统能够展示各部件、组件的组成结构、装配关系、运作原理及拆装的流程。

除此之外，5G技术的运用实现了培训指导的立体化教学，让工厂和生产线走进教室、进入课堂，通过移动教学实现相关领域的直观培训与教学。

---

① 爆炸图（Exploded Views）是目前三维CAD、CAM软件中的一项重要功能，该功能不仅仅用在工业产品的装配使用说明中，而且还越来越广泛地应用到机械制造中，使加工操作人员可以一目了然。

第6章
工业AI：智能时代的工业新图景

AI驱动的工业视觉检测

人工智能（Artificial Intelligence，AI）是计算机科学的一个分支，本质上是一种智能机器学习算法。由机器人通过系统化方法和规则的学习对其进行掌握，广泛应用于各种与之相互关联的行业的开发、部署和验证。"工业人工智能"的概念由美国国家科学基金会智能维护中心最先提出，它利用人工智能将工业发展与运行中的大数据进行整合，汲取和学习其中经验，通过智能感知和自适应的能力维持工业应用能力的可持续性，不断地进行更新和换代，重复、有效、可靠地解决工业问题，实现生产过程在工业领域的优化升级，打造高质量、高效率、高安全性、高可靠性且低成本、低能耗的生产运营流程。

结合当前形势来看，尽管工业人工智能的规模化不能一蹴而就，与之相关的应用还有很长的路要走，但实践证明工业人工智能将成为赋能未来工业制造的全新引擎，对产品服务、生产运营、组织流程等相关联的业务场景进行重塑，引领科技创新和社会变革，具有极强的颠覆力。

深度学习的应用反映在制造业生产线产品缺陷检测中，是一个不断智能化的过程，深度神经网络集成的灵活性和敏感度为计算机系统识别产品刮擦、裂纹、泄漏等缺陷提供了高效、快捷的手段。

通过应用图像分类、对象检测和实例分割算法，数据科学家可以训练视觉检查系统来进行给定任务的缺陷检测。深度学习的运用给予检测系统源源不断的驱动力，借助高光学分辨率相机和GPU（Graphics Processing Unit，图形处理器），传统机器视觉感知能力实现新的飞跃。

例如，可口可乐所构建的以AI视觉检测为基础的程序，将诊断设施系统、检测到的问题及时反馈，协助相应的技术专家制定解决措施。也正是因为如此，李开复将质量检测人员列为在未来即将被人工智能所替代的职业工种之一。

合成数据、迁移学习和自监督学习等技术组合构成了新的检测技术，合成数据中的生成对抗网络（Generative Adversarial Networks，GAN）会生成尽量真实的图像与真实图像进行博弈，运用于人工智能模型的训练中。而迁移学习和自监督学习则是特定问题的预备解决方案，能够更加灵活地进行实践操作。随着数据信息的日积月累，缺陷检测算法将会不断优化，变得更加精确。

即便如此，我们依旧不能忽视模糊检测的问题。模糊检测反映到具体的实践操作中实际上是因为人工质检员在检测标准上具有一定范围内的主观判断分歧，同样的划痕，有的质检员认为是有问题的，而有的质检员则认为划痕相同的可以忽略不计。这也是为什么人工质检会存在20%到30%甚至40%的误判率的原因。与之不同的是人工智能平台所使用的数字缺陷手册是可以实时更新的，它能够将有歧义和不一致的地方自动识别并做出标记，以此来解决模糊质检的问题。比如色差不一致时，可以有针对性地纠正。

传统的预测建模①机器视觉系统，无法快速适应生产线环境、要求和标准的变化，比如原本1mm的划痕可以判定为合格，现在将要求提高至0.7mm才算合格。工业人工智能能够很好地适应这一点，实时监督和跟踪相应的变化，持续收集数据并根据相应数据进行针对性深度学习，提前验证新模型，不断简化、克服新的挑战。

对于规模较大的制造企业来说，为所有工厂的不同产品配备单独个性化的人工智能软件模型，并让它们在不同量级的特定缺陷图像上进行训练，显然是不现实的。人工智能软件平台针对这一情况进行系统性的开发、部署、跟踪、维护和监控，将每一部分的数据和组件纳入管理。即便是一家复杂无比的大型跨国制造业企业，也能实现缺陷检测的数字化呈现，只需要在办公桌上便能够实时掌握全线动态。

基于机器学习的预测性维护

在工业制造领域，各种制造设备的正常运行是确保工厂高效、安全、有序开展生产工作的关键。为了尽量减少或避免因故障检查或维修影响和制约整个生产系统的运行，在问题发生之前进行预测性维护（Predictive Maintentance，PdM）是十分必要的。

---

① 预测建模是指基于统计数据来预测结果，即在充分理解任务和数据的前提下，对数据进行相应的预处理和划分，进而构建模型、调整参数。

工厂投入使用的相关工业设备在其生产运营中，如同人类一般有一定的寿命，会经历一个自然老化的过程，与之相对应的设备性能也会有所退化。在生产过程中，如果不能及时发现其异常情况，将会给工厂和企业带来巨大的财产损失，影响后续生产和企业发展。

预测性维护将监测、诊断、预测、决策融为一体，通过对相关设备的数据分析和状况监测，预测设备即将出现和可能出现的问题，并做出诊断，协助设备管理。这让工厂在提升产能的同时，降低了定期检修设备的维护成本，有针对性地替换和维修零部件，提出相关防护措施，使生产设备处于透明可控的状态下，设备使用产生质的飞跃。

事实上，在实际运用中工业人工智能的工作不仅仅在于能够进行预测性维修，还能进行故障的排除。

一般来说，可以进行设备故障预测的机器学习模型有三种，如表6-1所示。

表 6-1 可以预测设备故障的三大机器学习模型

模型	具体功能
回归模型	能够预测剩余使用寿命，即利用相关历史数据和静态数据，预测距离发生故障的剩余时间
分类模型	能够在预定时间段内预测故障，即开发一个针对设备预计故障时间的模型，对预定时间内出现的设备故障进行预测
异常检测模型	即通过对比正常系统和故障系统之间的差异来对故障进行识别、预测和标记

PdM技术作为以上三种模型的基础，主要包括数据采集与处理、状态监测、健康评估与RUL预测及维修决策等方面。

更具体地说，RUL预测以设备退化机理模型为依据，通过日常监测的数据或者人工智能的方法对相应设备退化的映射关系进行分析和解锁，比较失效阈值，框定和预估有效剩余时间的概率、分布和期望值。RUL预测就是企业或工厂做出维修决策的主要依据。

在设备监测数据的收集与分析过程中，一旦发现设备出现异常，工业人工智能将对相关异常进行及时、快速、高效的检测和溯源，识别设备当前状态下的健康等级，并预测其剩余使用时间，根据工厂当前所有资源，进行整合分析和运用智能优化算法，提出最优维修决策，提前排除故障。

事实上，在国内外已经有一些相关的项目工程投入实际应用，如西门子推出的SiePA，就是一款以工业大数据分析为基础的预测性维护软件。SiePA将企业历史运行数据进行整理、分析，利用工业人工智能算法建立预测性维护系统，通过设备运行状态预测和智能排查诊断进行运营过程中的故障风险预测警示，协助企业诊断故障并探寻原因，在企业设备维护中提出建议、进行指导。

ABB Ability船舶远程诊断系统能为电气系统提供全方位视野并进行实时监控，提供故障排除、预防、预测服务为一体的技术性支持。ABB Ability船舶远程诊断系统的投入与运行，能够在为相关制造企业减少约70%人力成本的同时，减少50%的维护工作量，让维修更有针对性。

AI数字孪生与智能工业

数字孪生是一个数字映射系统。对生产过程的实时诊断和评估、产品性能预测和可视化是数字孪生最常见的用途。为了使数字孪生模型优化升级物理生产系统，数据工程师使用了监督和无监督的机器学习算法。通过对相关历史数据的对比与分析，机器学习算法查找行为模式并发现异常，有助于优化升级生产计划，提高生产质量，实时监测维护。

但我们不得不承认，物理模型和数字驱动之间依旧有着巨大的鸿沟，想要将其填平绝非易事。数字孪生的产生是相关行业的福音，它以深度学习来解决这一工业制造中的难题，并且还能处理来自社会各界的外部数据，不仅完善和增强了数字孪生的功能，还能对产品进行未来设计，模拟相关产品的性能。

从这个角度来看，数字孪生是信息与物理融合的催化剂。

一方面，制造应用中信息与物理的交互及虚实映照能够通过数字孪生实现，具体表现在"数据感知—实时分析—智能决策—精准执行"的一整套智能闭环。

另一方面，数字孪生也能促进全方位实时物理数据与信息空间数据交互的实现，将实时运行状态、环境变化、突发扰动与仿真预测、统计分析、领域知识等融合。弥补物理与数字之间的鸿沟，开启全功能、不变形的共振模式。

正因为如此，数字孪生在工业人工智能的具体实践中被定义为一项目标明确的使能技术，其功能主要表现在以下四个方面，如表6-2所示。

表6-2 数字孪生赋能工业人工智能的四个方面

功能	具体表现
实现生产线的虚拟调试	虚拟调试技术为企业运营提供了一个先知先觉的思路，通过虚拟环境中PLC代码的调试、虚拟验证设备自动化等生成代码，让机器在未安装之前利用数字化双胞胎（Digital Twin）进行数字化拷贝，模拟进行仿真调试，缩短调试周期，提前预测、解决实际调试中可能发生的问题

续表

功能	具体表现
实时监控、仿真模拟和远程控制	数字孪生模式将生产过程中的可视化变为现实，能够更加直观地掌握正处于生产状态的工厂的实际数据和信息，更加准确清晰地了解生产设备和相关生产线的设备综合效率（OEE）、产量、品质以及能源消耗状况。快速标记故障设备，进行故障类型提示，直接确定其位置和状态信息，方便整体生产的调整与安排
产品运行监控与智能运维	充分利用采集到的数据进行数字孪生仿真分析，诊断出相关智能设备的状态，检查故障征兆进行故障预测。在生产过程中一旦工况发生变化或异常时，可以根据对应措施在数字孪生模型中进行验证，验证通过后便可以直接将对应调整措施在现实中实施
基于数字孪生的数字营销	在产品上市之前，发布概念阶段的数字孪生模型，以供消费者挑选，甚至依据个人喜好进行针对性设计，定制最佳生产方案后投入具体生产，有利于满足消费者需求，促进制造企业销售业绩的提升。目前，相关技术手段已经被应用于汽车制造领域的数字销售和资金募集中

工业能耗预测与节能减排

全球能源的3%正在被世界各国的数据中心所消耗，而大型工业系统正在消耗的能源占全球能源的54%。在降低能源消耗、实现碳中和目标的过程中，工业人工智能系统的能耗预测能力扮演着重中之重的角色。德国柏林Borderstep研究所完成的研究表明：机器学习算法可以节省20%~25%的能源用于柏林250套公寓的加热。

IBM人工智能研究团队通过深度学习进行海上风电场故障预测，以此来优化设备维护，控制能源消耗。该项目模型通过以往的温度、湿度和风速的真实数据进行学习和"训练"。训练完成后，部署在相应的位置进行新数据的收集与分析，大大提升能耗预测能力。同时能耗的预测降低了涡轮机的维修成本和缩短了停机时间，使绿色电力的生产更加经济实惠。

企业碳排放的减少可以从以下三个方面入手，如表6-3所示。

表6-3 企业碳减排的三个方面

三个方面	具体内容
检测排放	利用AI驱动数据工程对碳足迹进行跟踪和检测，收集运营、生产、供应、物流等环节的碳排放数据，并利用AI补全数据库中的缺失数据，大大提高整个检测的准确性
预测排放	利用AI能够依据企业当下实际情况预测企业未来碳排放，实现企业对相关减排目标的准确设定、调整和实现
减少排放	AI能够更深入地了解价值链的各个方面，通过更准确的洞察与分析，提高生产、运输等方面的效率，降低成本的同时减少碳排放

冶炼行业无疑是能源消耗方面的代表，想要预测能源消耗且快速见效一般都选择这个行业。波士顿咨询公司（BCG）便做过这样的实验，它通过工业人工智能对一家钢铁生产企业进行生产流程的优化和升级，降低了其钢铁生产的成本也减少了碳排放。以AI为基础的流程控制，利用数千个传感器进行数据收集，将收集到的数据在控制系统输入并计算预测出企业的能源消耗需求，对相关废物来源进行追踪和控制。工业AI优化之后，该钢铁制造企业实现了巨大的飞跃，碳排放量减少3%，成本降低了4000万美元。

事实上，AI赋能智能减排，不仅在工业生产中大显身手，在交通运输、能源、制药、快消品和公共事业等领域也能发挥其巨大的优势。

通常情况下，采用自回归模型和深度神经网络进行能源消耗预测，这两种工具都以顺序数据的测量为基础，是最常见的机器学习方法。

自回归模型非常适合定义趋势、周期性、不规律性和季节性。为了明确预测结果，提高准确性，克服自回归模型的不足和缺陷，最常见的矫正方法便是要素工程。利用这种矫正方法有利于将原始数据中的各要素和组成部分相互关联起来，指定预测任务避免发生偏移。

相较于自回归模型，深度神经网络能够快速找到匹配模式，且更加适合应用于大型数据集的处理。深度神经网络经过训练能够自动提取输入数据的相关特征。而递归神经网络（RNN），擅长于时间跨度较长的数据序列梳理，被应用于内部储存数据的提取，有利于在理清时间和逻辑顺序的基础上，根据相关已知数据，对未来趋势进行预测。自循环状态下的RNN，能够动态学习并发现有价值的信息，在关键时刻进行快速跳过或上下文更改。

由此可见，AI的融入对相关行业，特别是制造业来说无疑是如虎添翼，它协助相关企业进行能源消耗的估算，由数据驱动明确未来能耗方式，选择和使用绿色能源，不断降低能源消耗，促进产业能源结构的优化升级。

基于深度学习的工业生成软件

人工智能在各领域的成功应用预示着它的创造具有普遍的实用性，几乎可以在所有领域进行拓展和延伸，工业生成设计只是其设计和创新的方向之一。它以机器学习所给产品的全部可能性方案为基础，通过设计生成软件，进行产品设计尺寸、材料、操作和制造条件等相关参数的选择，设计工程师直接选择最适合的设计解决方案投入生产。

由人工智能进行模拟，自然化生成设计思路和可能性方案，将时间和精力耗费在更有意义的环节。工业生成设计，实际上就是一种人工智能融合工业设计的新技术。深度学习算法的不断发展促进了设计生成软件的智能化。

一般情况下，设计师都会采用人工智能的生成对抗网络（GAN）进行生成设计。GAN的网络模型可以大致分为生成模型（Generative Model）和判别模型（Discriminative Model）两类，GAN通过对这两类模型的使用完成设计，分别完成产品新设计的生成，真实产品设计与生成设计的对比区分。

传统设计师往往只是将计算机作为一种辅助工具，通过计算机把自己的创意灵感进行渲染，通过图纸输出具体的方案。不同于传统设计师设计的过程，在生成设计中，计算机不再是单纯的工具，而是具体、有效地参与到设计创造中。通过数据录入、人工智能计算、云计算等手段和方法，一次性生成多个设计方案。当然，这种生成设计并不是凭空捏造，而是根据已有的数以万计的设计素材所得出，这个得出过程离不开人工智能训练和深入学习，最终通过GAN算法进行智能设计生成。

AI智慧供应链管理与决策

人工智能和机器学习使供应链逐步具备可视化、智能化和可预测能力。以机器学习算法为基础的供应链管理系统能够对物料库存、入站装运、再制品、市场趋势、消费者情绪和天气预报等数据进行自动分析。因此，它们能够定义最佳解决方案并做出数据驱动的决策，这一过程类似于人类的自我感知需求。

智慧供应链管理的整个系统包括财务异常检测、需求预测、仓库自控、物流优化、供应链安全、客户支持、人力资源规划和端到端透明度等功能。

随着智慧供应链管理系统中预测性分析得以广泛应用,生产与配送过程中机器人和无人机的应用进一步推进了数字制造、客户服务和配送自动化。人工智能训练使供应链的指挥水平不断提升,数字决策能力更是得到了持续性的增强。

AI 物联化特征愈加显著,主要体现在 AI 对海量设备和云运用数据的理解和分析。越来越多的信息将由机器代替人类进行生成和应用,比如 RFID 标签、GPS、传感器、计量器等,仓库、集装箱自动完成盘点和检测。整个供应链的一体化,将除了客户、供应商和 IT 系统以外的其他监视供应链部件、产品的智能工具连接在一起。基于互联互通的广泛性,全球供应链网络协同规划和决策将得到支持和发展。与此同时,愈加智能化的供应链决策能够更高效、准确地协助决策者进行复杂阻碍、风险的分析和预防,对各种备选方案进行评估,智能决策系统甚至能够高效地自动制定决策,减少决策制定过程中人为因素的干扰。

但我们不得不承认的是,尽管工业人工智能具有诸多优势,但依旧无法避免大多数制造企业对其发展前景和投资回报的顾虑和怀疑。当前,真正将工业人工智能投入实践的企业数量不足 30%,工业人工智能规模化还有很长的路要走。

第三部分

智慧农业篇

第7章
5G智慧农业：赋能农业数字化转型

智慧农业：5G重新定义农业

在传统的农业生产模式中，生产力的决定性要素是物质要素，生产关系中占据主导地位的是农民和土地之间的关系。而新兴技术在农业领域的应用，将使农业生产的各个环节产生大量的数据。虽然数据并不能直接转化为经济利益，但数据的合理使用，可以大大提高农业生产的效率和效益。数据时代，农业大数据与传统的土地资源一样，将发挥出巨大的价值，推动农业经济结构的优化。

5G技术和物联网在农业领域的广泛应用将带来农业经济的革命性变化：农业生产过程更加科学、智慧，农业管理更加集中、高效，农产品以及加工产品的源头可追溯，农产品供应更加灵活、不受季节限制。具体可以从需求侧和供给侧两个层面分析5G驱动智慧农业所能发挥的革命性作用。

（1）需求侧层面。

随着经济的发展，我国居民的消费观念已经升级，对食品安全和品质的追求逐渐提高,能够提供健康、有机农产品的生鲜超市逐渐受到青睐,食品溯源概念也在供销双方普及。

但农产品生产的过程涉及多个环节的复杂因素,对食品进行追溯涉及种子基因、土壤成分、水肥用量、气候条件、农残检测以及运输流通等各个方面,而要获得这些准确的数据信息,需要在农业生产的各个环节使用智能化设备,让数据采集伴随食品生产全过程。

(2)供给侧层面。

农业生产中至关重要的物质要素(比如土地和水资源)是有限的,要提高农业生产的效益就应该提升生产环节的科技含量,使农业生产更加可控化、精准化。

随着移动互联网以及云计算、大数据、生物科技等的发展,农业领域也吸引了越来越多创业者和资本方的关注。可以预见的是,5G以及物联网等技术的发展,将使得农业领域迎来革命性的变化。尤其是5G商用的推广,将大大提升农产品供应链中信息获取和传输的速度。

一直以来,农产品的种植方与需求方是分割的,种植方可能对消费者的需求缺乏足够的认知,消费者也不甚了解农产品的种植。而通过应用5G技术,这样的情况可能发生比较大的转变。

比如,在靠近城市的农场,可以将土地划分后出租给有需求的消费者,并且在每一块土地上安装相应的感应装置;作为土地"主人"的消费者可以自行决定农产品的种植,并根据需要从App查看农作物的生长情况;在农作物成熟后,"主人"可以自行安排采摘。

在这种数字化C2B种植模式中,农产品的种植方与需求方是统一的。另外,还可以配套乡村旅游项目共同发展,一方面促使农业向服务业方向转型,另一方面带动农村文明建设。

由上可以看出，5G在农业领域的商用，将给农业、农村带来革命性影响。农业将从第一产业转变成第三产业（服务业），农业中的主要生产关系将成为农产品与消费者之间的关系，而农村也将从主要的生产场所转变为集生产、文化、旅游功能于一身的综合场所，农民的身份将向工人或服务人员方向转变。可以说，5G将有可能重新定义农业。

5G智慧农业的应用与实践

智慧农业通过将互联网、移动互联网、云计算和物联网等技术应用于传统农业中，可以实现农业生产的精准化管理和可视化诊断，提高农业生产的智慧化水平。从广义上来看，智慧农业也包括农业电子商务、食品溯源防伪、农业休闲旅游、农业信息服务等。近几年，5G的商用为智慧农业的发展提供了极大助力，智慧农业的发展前景良好，国内的运营商也加快了布局智慧农业的步伐。

2020年初，农业农村部、中央网络安全和信息化委员会办公室联合印发《数字农业农村发展规划（2019—2025年）》，计划到2025年，数字农业农村建设取得重要进展，有力支撑数字乡村战略实施。而根据中国互联网协会发布的《中国互联网发展报告2020》显示，我国智慧农业的潜在市场规模已经达到千亿级。

目前，我国各地智慧农业的相关实践也取得了一定的成果，比如：

山东青岛胶州市建设的"山东半岛田园综合体"，共包括洋河镇板块、三里河板块和临空田园示范区板块三个部分，集高效设施种养结合示范区、特色农旅康养度假区、美丽乡村示范区等多种功能为一体。规模化智慧农业项目的发展解决了2000多人的就业问题，带动了当地居民的共同富裕。

贵州省科技重大专项"农业4.0（贵州高海拔500亩坝区蔬菜）技术集成及应用示范"项目在威宁的实施，为贵州高海拔500亩以上坝区开展全程机械化技术提供了应用示范，以无人机巡检、多光谱、5G等技术代替人工巡检、监控作物生长情况，通过多种传感器监测土壤墒情、气象情况，以机器视觉、深度学习等人工智能技术处理各类监测数据，并在威宁县城和贵阳建立远程运维平台，成为坝区蔬菜生产"4.0"（机械化、自动化、信息化、智能化）的示范点、样板田。

内蒙古兴安盟扎赉特旗近几年不仅采取了数据化管理的种植方式，实现水稻产量和质量的同步提升；还通过将农产品种植和乡村文化旅游相结合，有效提升了当地农民的收入。

江西南昌县蒋巷镇建设的大田现代农业基地，已经成为智慧农业的样本。水稻种植区域内配置了农情监测点、水肥一体机智能灌溉管道、植保无人机和智能旋耕机等，播种、施肥、浇水、杀虫、收割等一系列流程基本实现了智能化，农业管理的效率大大提高。

从依靠人力到机械化、自动化，从凭借经验到数据化、信息化，从靠天吃饭到科技化、智能化，智慧农业相关项目的实施大幅提高了劳动生产率、降低了人工成本，提高了农产品的价格优势和品质优势，真正发挥了科技创新的支撑和引领作用。

第三部分　智慧农业篇

5G运营商在智慧农业领域的布局

2019年10月31日，三大运营商公布5G商用套餐，2019年也成了5G商用元年。5G技术商用的落地，将助力智慧农业发展，以科技赋予农业智慧化。实际上，2019年三大运营商也开启了布局智慧农业的步伐。

2019年9月，中国电信与华为和无人机制造商极飞科技达成战略合作，共同开发智慧农业计划，整合5G、人工智能和无人机技术在农业领域的应用。三方的战略合作致力于将最新技术扩展到整个农业生产系统，提高5G、无人机与机器人的控制准确度与稳定度，帮助农民改善作物管理，加速国内智慧农业的发展。

2020年5月，中国电信集团公司举办的"中国5G·24小时"全国线上大联播活动上，展示了占地1000多亩的中国电信5G+智慧生态茶园。基于5G高传输速率、低网络时延，超大的连接容量等方面的技术优势，智慧生态茶园中的传感器装置可以实时监测光照度、温湿度、土壤pH值等环境指标，对茶叶生长全流程进行有效的把控。另外，还可以基于采集的数据信息，有序管理茶叶的采摘、生产加工等环节，从而进一步保证茶叶的品质和产量。

2020年6月，南京农高区与中国电信南京分公司签订"互联网+智慧农业"战略合作协议。南京农高区是国家首批、长三角唯一的国家级农高区，因此肩负着打造成国际农业科技示范区、长三角农业科技创新策源地和科技振兴乡村样板区的历史使命。而此次的合作将共同开展基于5G和高速光宽带的互联网+国家级智慧农业高新区管理服务、创新创业的信息化环境建设。

2020年8月，中国电信达州分公司与农信互联及四川天王牧业有限公司签署了智能猪场合作协议，三方将共同在达州建设智能化、远程化、无人化的智能猪场，助力达州养猪业数智化转型升级。

除电信外，移动和联通也纷纷加快了智慧农业的相关布局。比如，2020年3月，由福建联通负责承建的南平市政和县首个5G+智慧农旅示范基地、政和县第一个智慧乡村文旅示范基地和红色文化教育基地——政和县星溪乡智慧农业园项目完成建设上线运营；2020年4月，中国移动江苏有限公司南京分公司和南京农高区达成"5G+绿色智慧农业"战略合作，共同探索建立先进技术和生产模式示范体系，打造领衔现代农业高质量发展的"试验场"。

5G智慧农业的未来发展路径

智慧农业是智慧经济形态在农业中的具体表现。对于我国来说，发展智慧农业是我国消除贫困、实现经济后发优势的主要途径。在农业产业链的各个环节中，基于5G的智慧农业均能够进行"基因重组"和"生态融合"，改变产业结构，提高生产效率。

在上游，可以通过卫星遥感、物联网设备等进行各项数据的获取，指导农业生产主体科学种植；在中游，可以通过无人机、大数据等监测种植环境，提高农业管理的效率；在下游，冷链物流和生鲜电商能够为农产品加工和农产品流通打开更广阔的市场。未来，智慧农业将向三个方向发展。

◆从人工走向智能

农业要实现智慧化转型,需要依靠5G、大数据、物联网等信息技术以及传感器、无人机等装备。因此,智慧农业发展的过程,必然是逐渐摆脱人力依赖的过程。在农作物的种植或农产品的养殖作业中,通过大数据的收集构建集环境生理监控、作物模型分析和精准调节为一体的农业生产自动化系统和平台,实现农业生产的智能化操作。

目前,国内一些温室大棚、养殖场等配置了各种各样的传感器,它们实时采集农作物以及环境中的数据信息,并将其传输至后台;后台的电脑中心或管理人员会对数据进行分析,并根据分析的结果采取相应的对策。这样一来,不仅农业生产的销量和质量大幅度提升,农业的公司化运作也成为一种可能。

◆突出个性化与差异性营销方式

在智慧农业的发展过程中,农业市场的时空限制会逐渐打破,与农产品的种植、流通等相关的数据信息可以进行实时监测和有效传递。因此,在智慧农业产业链的下游环节,也应该基于产品的数据信息采取个性化与差异性营销方式,提升农产品的价格优势。

◆提供精确、动态、科学的全方位信息服务

在智慧农业的生产模式中,农业经营者可以获得精确、动态、科学的全方位信息服务,提高农业种植、营销等环节的数字化、信息化水平,使得农业运作更加高效、农产品的市场抗风险能力更强。

我国是农业大国,而非农业强国。传统的农业生产模式只能基于经

验进行农作物管理，不仅浪费大量的人力物力，也对环境和资源构成了严重威胁，与可持续性发展战略相违背。而智慧农业作为我国农业的转型方向，对优化我国城乡居民消费结构、促进农民增收、推动我国经济结构调整都将发挥重要作用。

第8章
基于AIoT技术的智慧农业变革

AI赋能传统农业智能化升级

农业是第一产业,也是提供支撑国民经济建设与发展的基础产业。改革开放以来,我国农业的发展水平获得了明显提高,但也面临着诸多问题,比如产业化程度低、农业资源稀缺、生态环境破坏严重、食品安全问题没有得到明显重视等。如何提高农业的发展水平、实现可持续发展,是我国经济社会面临的重要任务。

由于土地等资源稀缺,我国农业基础不够稳固,因此只有通过科技创新和技术变革提高农业的现代化水平,才能推动农业的发展。而人工智能在提高农业生产力领域能够发挥极其重要的作用。

传统的农业生产有两个非常明显的弊端,其一是所需要的成本高,往往需要投入大量的人力和资源,但能够产出的效益却不匹配;其二是容易造成土地、水等资源的浪费,而且农药等的过度使用,也会带来严重的环境破坏。但人工智能技术的赋能,将大大提高农业生产的科学化、智慧化水平，使得播种、种植、灌溉等环节都能够实现精准控制，在降低投入的前提下实现农业生产的提质增效。

◆ 提供科学指导

人工智能技术的运用能够为农业生产提供科学指导。比如，通过分析需要种植的农产品以及具体的种植环境，能够给出科学合理的种子鉴定结果、水肥供给分析、土壤改良方案等，为后续的农业运作环节打下坚实基础。

◆ 提高生产效率

人工智能技术的运用能够有效提高农业生产的效率。因为人工智能技术的应用，使得大量的机械化、自动化设备代替了人力，农业管理的效率更高，农业生产逐渐趋于智能化、现代化。

◆ 实现农产品智能分拣

由于农产品本身的特性，其规格、外观、品质等往往并不统一。传统的农业生产中，经常需要使用大量人力进行分拣，效率极低。而机器视觉识别等技术的应用，能够实现农产品智能分拣，不仅速度更快、效率更高，而且可以通过系统设置一次完成多项指标检测。

AI技术在智慧农业领域的应用

当前，我国发展不平衡不充分问题仍然突出，城乡区域发展和收入分配差距较大。要实现农业现代化、推进农业供给侧改革，人工智能技术的应用至关重要。人工智能技术能够广泛地应用于农业生产的各个环节，改变农业生产方式，有效提升农业产出及效率。

◆ **种子品质鉴定**

种子的品质直接关系到农业生产的质量和产量。在传统的农作物生产中，只能通过实验种植的方式鉴定种子品质，鉴定周期长，而且鉴定结果受诸多因素影响。而通过图像分析技术以及神经网络等方式不仅可以有效鉴定种子的品质，还不会破坏种子原本的结构，从初始环节对农业生产进行有效把控。

◆ **土壤成分及肥力分析**

土壤是农业种植中重要的生产资料之一，对土壤成分及肥力进行分析是农业生产的重要工作。借助非侵入性的探地雷达成像技术能够对土壤成分以及肥力进行精确全面的分析，为后续施肥、农作物的选择等奠定基础，而且通过对土壤成分的分析，能够建立一套土壤特征与宜栽作物品种间的关联模型。

◆ **灌溉用水供求分析**

在传统的农业种植中，农作物的浇灌主要基于经验，容易造成水资源的严重浪费。而基于人工智能技术的智能灌溉控制系统，能够在收集天气信息、土壤信息、农作物生长信息的基础上制订详细的浇灌方案，并精准控制所需用水量。

◆ 农业专家系统

农业生产过程中往往会遇到各种各样的问题，比如农作物产量下降、病虫害暴发，等等，咨询专家的效率很难保证，有可能造成十分严重的后果。而拥有专家级知识和经验、可以模拟农业专家思维的智能计算机程序系统，则能够高效地解决农业领域的各种问题。

一方面，农业专家系统可以指定一套科学合理的种植方案，降低农作物出现问题的概率；另一方面，农业专家系统可以及时应答农业生产各阶段遇到的问题，提出行之有效的解决方案。

◆ 动植物健康监测

农业的生产对象一般为处于生长过程中的动植物，因此对其健康状况进行监测具有十分重要的意义。

比如，荷兰的一家农业科技公司，研发出了能够应用在奶牛身上的可穿戴设备。由于配置了传感器和机器学习技术，使用可穿戴设备可以实时监测奶牛的健康状况。而且，基于采集的奶牛信息，可穿戴设备可以预测奶牛可能出现的健康问题，从而及早进行干预。

◆ 播种、耕作、采收等智能机器人

农业生产的播种、耕作、采收等环节往往需要耗费大量的人力，而通过使用人工智能技术,则能够大大提高生产效率。

比如,美国一家公司研发出了一款苹果采摘机器人,由于内置双目立体视觉、图片识别等技术,这款采摘机器人可以精准定位对象,并能够在判断其成熟度后决定是否进行采摘。苹果采摘机器人不仅采摘效率高,而且运用了机器人精准操控技术,采摘方式科学合理,极大地减少了采摘过程中的损耗。

◆ **杂草控制**

与上述播种、耕作、采收等过程的智能机器人类似,通过应用人工智能技术,农业种植中的杂草也能够得到更加有效的控制。

比如,Blue River Technology 公司开发出的 See & Spray 机器人,由于内置传感器技术和图像识别功能,能够有效地去除棉花种植区域内的杂草。基于计算机视觉和机器学习,See & Spray 机器人能够判断定位对象为农作物还是杂草,对于农作物外的其他植物进行喷洒农药处理。精准的药物喷洒不仅能够节约资源、降低成本,而且还可以减少对环境的破坏、提高农产品的安全等级。

◆ **智能温室系统**

通过在温室内安装各种传感器,能够打造更易于农产品管理的智能温室系统。智能温室系统的功能大致可以划分为两类:其一是数据采集系统，即基于传感器实时采集农作物生长过程中的各种环境指标，比如土壤、温度、水分、光照等；其二是智能控制系统，即基于采集的数据，后台控制中心能够启动相应装置（比如卷帘装备、遮阴设备、施肥系统、供水系统、加热装置、加湿装置、除虫装置等）对环境进行调节。通过应用智能温室系统，改善农作物的生产环境，提高经济效益。

目前，智能温室控制系统已经在一些国家和地区普及。比如，德国通过运用地理信息系统GIS、全球定位系统GPS、遥感技术RS等，进行温室环境控制与管理；荷兰大约有85%的温室安装了环境调控装置，能够自动改善农作物的生长环境，调整农作物的生长周期。

农业物联网的体系架构与功能

在提升国民经济体系整体效能的需求日益强烈的背景下，我国农业发展面临的挑战也日益严峻。这一方面是城市化进程的加快，给农业生产提出了更高的要求；另一方面则是传统的农业种植方式导致了农业退化，使得我国的农业用地更加稀缺。而要满足消费者对于高品质农产品的需求、优化资源的利用效率，我国农业必须加快向智慧农业转变的步伐。

而作为新一代信息技术的重要组成部分，近几年各国政府对物联网行业的投入和支持力度逐渐加大，物联网能够应用的领域也越来越多。其中，智慧农业的发展便离不开农业物联网的广泛应用。

◆ **农业物联网的体系架构**

农业物联网，即通过多种传感器的使用，自动检测和控制农作物生长环境中的物理量参数，从而改善农作物的生长环境、调整农作物的生长周期。总体来看，农业物联网的体系架构主要包括感知层、传输层和应用层。

（1）感知层，即能够感知农作物生长中的温度、湿度、光照强度、土壤养分、pH值等环境指标的设备，主要包括温度传感器、湿度传感器、光照度传感器、pH值传感器等。通过实时采集相关信息，了解农作物的生长环境。

（2）传输层，即能够将采集到的数据信息传输到远程控制端的设备。尤其在规模化的农业生产过程中，由于大量的采集数据需要传输，因此高效的传输层对于保证农作物有一个良好的生长环境至关重要。

（3）应用层，即能够基于获得的数据信息分析农业生产的环境，并通过运用农业自动化装置对生产环境进行管理和控制，使得农业生产变得更加数字化、智能化，从而达到提升农产品品质、节约资源、保护环境等目的。

农业物联网的体系架构确保其能够实时获得信息、高效传输信息、智能处理信息，因此，农业物联网的应用对智慧农业的打造至关重要。

◆ **农业物联网的主要功能**

由于更加精确、高效、便捷、智能，农业物联网的应用具有十分广阔的前景，其主要功能重点体现在以下几个方面。

（1）采摘控制系统。

在传统的农业种植模式中，单个农户的种植面积往往比较小，而且在农作物成熟时一般基于人工观察和过往经验决定采摘的时间。这样的采摘方式具有明显的弊端，由于判断不够准确，容易错过最佳的采摘时间，不利于农产品的销售。而基于物联网的采摘控制系统，可以根据收集的农作物信息精确判断是否需要采摘，降低了人力消耗成本，提高了农产品的经济效益。

（2）加工控制系统。

目前，国内农产品的加工过程往往是人工与机器搭配的方式，而且人力在其中参与度比较高。由于参与加工过程的人力水平参差不齐，加工过程中可能会造成微生物的污染，影响加工产品的品质。而基于物联网的加工控制系统，能够对加工的整个过程进行自动化控制，避免了人为可能造成的污染，保证了农产品加工的质量。

（3）流通及销售系统。

物联网不仅可以应用于农业的生产环节，在农产品的流通和销售环节同样可以发挥出巨大的价值。物联网可以收集农产品的市场供求信息以及价格波动趋势，并构建流通及销售系统，提高农产品的经济收益。

（4）视频监控系统。

从农业生产到流通等的全过程中，都可以基于物联网构建视频监控系统，并将视频监控与农产品种植、病虫害防治、农产品加工等系统结合，便于进行可视化跟踪和管理。

（5）溯源系统。

随着消费者对于食品安全越来越重视，对农产品进行溯源也变得十分有必要。通过农产品联网，可以收集农产品从种苗采购到产品销售的全部过程中的信息。并且，在必要的情况下，还可以接入第三方监管系统，最大化地确保农产品可追溯、品质有把控。

农业物联网的应用优势与典型场景

农业物联网不仅能够自动控制农作物的生长环境、提高资源的利用效率，而且有利于合理布局产业结构、打造现代化的经营管理模式。此外，物联网不仅能够应用于农业生产环节，在农产品的流通环节也需要农业物联网的助力。

◆物联网在农业领域的应用优势

具体来看，物联网在农业领域的应用优势主要体现在以下三个方面。

（1）科学栽培。

通过各种传感器获得的数据信息，能够精确把握农业生产的环境指标以及农产品的生长情况，基于全面的数据能够进行更加科学的栽培、养殖等农业生产活动。

（2）精准操控。

在采集的环境指标基础上，远程控制中心能够通过相应的设备改善农作物的生长环境，比如调节温室中的温度、湿度、二氧化碳浓度等，通过精准操控，调整农作物的生长周期。

（3）绿色农业。

由于各种传感器能够实时地采集数据信息，后台控制中心也能够精确记录所有调控操作，因此农业生产过程是可以追溯的，便于提高农产品的品质，打造绿色农业。

◆**物联网在农业领域的应用场景**

农业物联网的应用呈现出巨大的优势，因此物联网能够应用于农业领域的多个场景。

（1）精准农业。

精准农业又称为精确农业或精细农作，是将信息技术与农业深度结合的新型农业。精准农业通过利用传感器等进行现代化农业管理，不仅能大大提高资源的利用率，还可以提升农作物的质量和产量。

精准农业应用的工具包括智能传感器以及一些自动化设备等。比如，分布于温室中的传感器能够收集土壤、病虫害等相关的数据信息，并基于远程控制中心对信息的分析而智能化管理种植环境；安装于耕种机器上的GPS系统能够精确地利用种植空间，提高土地资源的利用率。

（2）作物监测。

对处于生长过程中的作物而言，及时对其生长环境和生长情况进行监测有利于了解作物的生长状况，并通过智能化调整改善作物的生长环境。需要注意的是，对作物的监测应该包括短期监测和长期监测，以综合分析其生长趋势。另外，对作物的监测，也有助于科学规划肥料的使用，降低对环境的破坏。

（3）温室种植。

与露天种植环境相比，温室种植能够更好地管理农作物的种植环境，尤其通过物联网的使用，在实时获得相关信息的基础上，能够为特定类型的农作物的生长创造更加理想的条件。

（4）远程灌溉。

水是农作物生长中的重要资源，基于物联网的远程灌溉系统不是通过设定的间隔时间进行灌溉,而是根据土壤湿度和作物需要决定是否进行灌溉。智能化的灌溉方式不仅能够确保农作物获得生长所需要的水分,而且能够减少水资源的浪费。

(5)牲畜监测。

相比粮食、蔬菜等农作物,对养殖的牲畜进行监测也十分有必要。将传感器等佩戴在猪、鸡、牛、羊等牲畜的身体上,可以监测其健康状况。一方面,进行健康监测有利于确保牲畜的健康,提高农业养殖的收入;另一方面,进行健康监测能够及时发现存在异常的牲畜,对于体温等出现异常的牲畜,可以及时进行隔离和医疗护理,避免大范围传染,降低灾害发生概率。

(6)地理围栏。

在大型的农场中,由于牲畜的活动范围大,需要在允许其自由活动的前提下尽可能地确保安全。一方面,可以通过佩戴GPS的追踪器监测其行动轨迹,保证其不离开农场;另一方面,可以通过支持GPS的地理围栏监测牲畜,当其离开指定区域时发出警报提醒。

(7)无人机监控。

随着无人机技术的逐渐普及,其能够应用的领域也越来越多。在农业领域,无人机可以用于监控作物的生长,并将采集到的信息传输至后台控制中心。与传统的方式相比,无人机收集信息更加快速、全面。比如,管理者可以通过划定特殊的区域,安排无人机收集信息。

第四部分

智慧教育篇

第9章
智慧教育：驱动教育信息化革命

基于AI的智能教学系统

随着人工智能技术迅速发展，教育信息化不断深入，人工智能在教育教学领域得到了广泛应用，这些应用主要集中在三个方面，分别是智能网络组卷阅卷系统、智能决策支持系统、智能仿真教学系统。

◆ 智能网络组卷阅卷系统

智能网络组卷阅卷系统（Intelligent Network Examine System）是一个服务于学校日常作业与考试，集数据识别、采集、分析于一体的智能教学系统。

目前，无纸化考试逐渐流行，成为一种全新的考试形式。从广义上来讲，无纸化考试涵盖了计算机建立题库、选题组卷、考试阅卷等多个环节，不仅创新了传统纸质考试的形式，还对考试设计与评价环节做了改进。智能网络组卷阅卷系统具有很多优点，比如成本低、效率低、保密性好、试卷一致性高等。即便面对大量限制性条件，该系统也能按要求生成试卷。

同时，题库可以收集大量经典题目，共享教师的劳动成果，切实保证试卷质量。另外，人工智能阅卷系统可以对试卷进行有效识别，降低出错的概率，提高阅卷效率。

◆ **智能决策支持系统**

智能决策支持系统（Intelligent Decision Support System）将人工智能与决策支持系统组合在一起，在专家系统的辅助下，让决策支持系统可以充分利用人类的知识，比如与决策问题有关的描述性知识、与决策过程有关的过程性知识、与求解问题有关的推理性知识等，通过逻辑推理为复杂的决策问题提供科学的解决方案。

智能决策支持系统由数据库、模型库、方法库、人机接口以及智能部件组成。目前，在决策支持系统领域，智能决策支持系统是主要发展方向，在网络教育领域有着广阔的发展空间与美好的发展前景。

◆ **智能仿真教学系统**

智能仿真技术（Intelligent Simulation Technology）是人工智能技术与仿真技术的高度集成，打破了传统仿真模型与建模方法的局限性，解决了传统建模方式下建模艰巨、结果费解、界面单调等问题。从某种程度上来说，智能仿真系统可代替仿真专家完成建模、实验设计、对仿真结果进行理解与评价等任务，而且具备一定的学习能力。如果将智能仿真技术用于开发实验教学课件，可降低课件开发成本，提高课件开发速度与效率，缩短课件开发周期，解决远程教育教学中难以开展实验教学这一问题。

简单来说，人工智能就是一门研究让计算机接受教育、提高智能的科学。当然，人工智能的研究成果会反作用于教育，提高教育教学效率，催生一种新的教学模式。总而言之，随着人工智能技术不断发展，人工智能必将在教育领域得到更广泛的应用，为我国教育改革提供支持与助力，推动我国教育事业更好的发展。

AI在智慧教育中的应用场景

◆自动批改作业

计算机科学家乔纳森研发了一款软件，该软件可以联系文章上下文理解原文，在此基础上做出判断，纠正学生在英语语法方面的错误，比如时态问题、单复数问题等，这是该软件与其他同类软件的不同之处。此软件可提高英语翻译的准确性，消除翻译中的语法错误，为我国与英语国家间的交流问题提供有效的解决方案。随着语音识别与语义分析技术的持续发展，自动批改作业将成为现实。语法机器可对简单的文义语法进行识别，纠正其中的错误，提出修改意见，辅助教师批改作业，使教师的教学效率得以大幅提升。

◆个性化学习

目前，McGraw-Hill教育正在开发数字课程，准备课程所需资料。McGraw-Hill从200万名学生中收集信息，利用人工智能为学生提供个性化的学习体验。在学生阅读材料回答问题的过程中，系统会根据学生对知识的掌握情况为其提供相应的资料。系统还能用学生更易接受的方式进行测试，测试的题目也是根据学生的具体情况制定的，提高学生的接受度。另外，系统还能长久地保留学生信息。

大数据可对每个学生的学习特性进行描述。根据伦敦某研究机构分析，人类大概有70种学习方法，而某机构研发的教学机器人已经积累了1300万名学生做过的8亿道题目，为个性化教学的开展奠定了扎实的基础。

机器人的教学方式与传统的课堂教学方式不同，后者是"从原理到应用"，前者是"从案例到原理"，而且可以同时学习多个案例。事实证明，对于很多无法理解原理的学生来说，使用"从案例到原理"这种教学方法更易取得好成绩。

◆对教学体系进行反馈和评测

过去，学生查询考试成绩看到的只是各科的分数；未来，学生查询考试成绩不仅能看到分数，还能看到一份"诊断报告单"，了解自己各学科知识点的掌握情况，看到自己的优势与不足，保持优势学科，弥补弱势学科，在下个阶段的学习中提高自己的成绩。这个过程就是利用大数据对学生的学习过程与成果进行统计分析，明确每个学生的知识掌握情况、能力结构与学习需求，为学生、教师、家长提供客观、真实的诊断结果，让学生看到自己的问题，有针对性地提高自己的成绩，让教师了解每个学生的学习情况，针对不同的学生采用不同的教学方式，制定不同的教学目标，安排不同的教学内容，从而提升整个教学过程的针对性、科学性、有效性。

AI普慧教育面临的挑战

从某个层面来说,人工智能解决"优质资源供给不足"问题,就是推动优质教育普惠化。因为教育行业独有的特点,人工智能推动优质教育普惠化面临着三大挑战。

◆ 个性化教学的"评价标准"难题

在人工智能各个应用场景中,教育是唯一一个学习主体是用户的场景。人工智能在金融、医疗等行业落地,只要直接输出价值即可,但在教育领域,"学习"需要用户自己完成,仅靠获取AI提供的学习方案无法提升学习效果。至于用户拿到学习方案之后的学习效果,人工智能无法控制。因为不同的用户对同一种学习方案的理解不同,主动性也不同,更何况还有很多外部因素在其中发挥作用。

通过对比可以发现,AI应用于企业,员工只要按照规定操作,就能完成价值输出,但教育并非如此。AI教育在推动学生学习进步方面发挥了多大的作用,评价最为困难,尤其是个性化教育,在评价标准方面面临着更严峻的挑战。事实上,目前,无论是个性化的学习路径规划、学习任务智能匹配,还是科大讯飞制订的个性化学习方案,都面临着个性化价值评价难题,这一难题来源于教育行业本身的属性。

◆ AI智慧教育如何与应用型教育结合

智慧教育除了利用AI推动教育方式方法创新之外,还有教学层面的应用——人工智能创新教育。比如,百度智慧课堂专门针对K12阶段的教学开发了人工智能实验室,培养学生的计算思维,帮助学生构建AI知识体系,为学生提供专题性AI技术与应用等。2018年9月,百度在河北雄安新区的白洋淀中学建立的"雄安新区人工智能教育实验室"就是典型应用。

《中国教育现代化2035》明确提出要加快发展现代职业教育,推动职业教育与产业发展相融合。在这一政策的指导下,未来,传统应试教育体系必将松动,职业教育将成为教育行业的重点。对于AI智慧教育来说,成为应用型教育的重要应用方向是重要使命,但短期内,这一使命很难完成。

◆ 生态化更需要标杆效应

仅凭一家之力,很难实现优质教育普惠化。所以,百度大张旗鼓地招募合作伙伴,以期借生态化的力量完成优质教育普惠化这一重任。从商业化角度来看,在生态力量的支持下,AI教育平台能以更快的速度发展,与更多教育机构和C端用户对接,还能快速推进教育智能化,提升平台的社会影响力。

在这个过程中,为了让生态建设更加顺利,AI教育平台会推出商业合作模式,招募合作伙伴。比如百度教育以免费资源支持、产品培训支持、项目及活动支持、品牌市场支持、联合运营机会等为条件招募合作伙伴。但归根结底,百度教育是通过出让自己的品牌价值来寻求合作伙伴。

在教育行业,无论是学校、教师、家长,还是潜在的合作伙伴,都非常看重"标杆"企业。所以,任何一种教育生态想要增强自己的吸引力,必须有令人信服的案例。而百度教育频频强调"雄安新区人工智能教育实验室""合肥教育实验室""上犹人工智能教育示范县"等项目，就是以这些案例为背书，增强自己的说服力，吸引更多合作伙伴加入。随着教育生态不断扩大，这类案例会越来越多，原有的案例会不断深化。总而言之，通过人工智能与教育的融合，教育公平问题或将得以解决，全社会教育平等的美好愿景有望实现。

"智能+教育"模式的未来想象

随着我国对新基建政策支持力度不断加大，人工智能产业也迎来一个全新的发展阶段。在国家政策引领下，AI、大数据、VR/AR等新一代信息技术与教育的融合，将重塑我国的教育学习模式、教育管理体制和教育组织体系。在即将到来的人工智能时代，我们难以对未来的教育形态做出全面而准确的预测，但就目前AI在教育领域的实践应用来看，可以确定的是，未来智慧教育的发展将呈现出以下三大趋势。

◆以数据驱动引领教育信息化发展方向

随着教育信息化改革的不断推进，AI、大数据、物联网等新一代信息技术与教育的融合将越来越深入。纵观AI技术的演变与发展，从早期基于明确的规则进行逻辑推理与定理证明，到如今基于深度学习的自然语言处理、语音识别、图像识别技术，人工智能的内涵早已从"专家赋予"过渡到"主动学习"的阶段。

在这个过程中，除了算法模型的显著改进，作为模型的训练数据集，大数据为人工智能添加了十足的动力燃料。大数据智能利用数据驱动和认知计算，通过大数据挖掘与分析获取所需知识，根据知识做出智能决策。

目前，数据已成为企业竞争的焦点，数据驱动的智能决策与服务已成为研究热点。大数据在教育领域应用，不仅可以解释教育现象，揭示教育规律，还能对教育未来的发展趋势进行预测。在数据驱动下，教育研究逐渐从经验主义走向了数据主义、实证主义。也就是说，教育革命时代已然来临，数据驱动的人工智能为教育信息化提供了一个全新的发展方向。

◆以深化应用推动教育教学模式变革

人工智能在教育领域的应用离不开技术支持。同时，可以发现，人工智能在教育领域应用的场景性极强，即人工智能在教育领域的应用是针对教育实践过程中存在的具体问题展开的，目标非常明确。因此，这种应用驱动的技术与教育的融合体现了人工智能技术在教育领域的深度应用。人工智能技术在教育领域的深度应用创造了一个强感知、高交互的泛在学习环境，为学生的知识建构提供辅助，为创新型教学模式的发现与应用创造了一个广阔的空间。

◆以融合创新优化教育服务供给方式

人工智能与神经科学、心理学、认知科学、数学等学科的融合对AI教育的发展与应用产生了强有力的推动作用。同时，人工智能教育与培训也为人工智能发展提供了支持与助力。由此可见，人工智能与教育相辅相成。

跨领域推理将多个领域的数据与知识融为一体，为人工智能教育的发展奠定了智能基础。跨媒体感知计算利用智能感知、视听觉感知、场景感知、多媒体自主学习等理论与方法，以期实现超人感知和高动态、高纬度、多模式分布式大场景感知。

人工智能与教学内容、教学媒体、知识传播路径的全面融合，实现了教育方式的创新，为学生提供跨学科、跨时空、跨媒体的智能教育服务，为"人人皆学、处处能学、时时可学"学习型社会建设提供了强有力的支持。通过对人工智能在教育领域的主要应用与典型特征进行分析，构建人工智能与教育的融合发展体系，具体策略如表9-1所示。

表 9-1　人工智能与教育融合发展体系的构建策略

序号	具体策略
1	以大数据、深度学习等技术为依托，人工智能关键技术实现了重大突破，人工智能在教育领域实现了多元化应用，学习服务与体验更加智能，呈现出智能化、个性化、自动化、协同化、多元化的发展趋势
2	通过服务监控与治理，在政策的引导下，紧扣"应用驱动"原则对AI教育的理论和技术进行研究，从而推动人工智能与教育实现融合发展、创新发展

在人工智能技术的推动下，教育信息化实现了迅猛发展，在这个过程中出现了很多问题，亟须解决。比如，训练人工智能算法模型需要对大数据进行共享，但数据开放会威胁个人隐私，出现信息安全问题；人工智能技术在教育及考试领域的应用需要政策与制度的支持；人工智能在提高教学效率，实现教育公平的同时，也会拉大数字鸿沟；等等。

在此情况下，面对人工智能发展带来的机遇与挑战，教育行业必须进行自我调整，利用自己现有的优势，发挥自身潜能，承担起为社会经济发展服务的职能。

第10章
精准教育：开启个性化学习模式

大数据时代的个性化教育

近几年，信息技术与教育实现了全方位、深层次融合。随着在线教育的兴起，教育领域产生的数据越来越多，大数据在教育领域的应用空间也越发广阔。在教育大数据的作用下，教育研究对象越发细化，逐渐从宏观群体走向了微观个体，致力于为学生提供精准化、个性化的教育服务，希望能在数据驱动下真正实现"因材施教"。

对于教育行业来说，大数据的价值主要体现在：可以大规模地采集、处理、分析教育数据，改变传统教育数据的应用模式，通过构建教育模型对各个教育变量间的关系进行探究，为教育决策提供有效支持，从而实现个性化的人才培养，丰富教学评价方式，使教育决策更加科学。

随着大数据技术迅猛发展，无论国内还是国外都出现了很多基于数据的教育应用。比如，美国教育科技公司Knewton利用知识图谱、数据科技、机器学习技术创建了一个适应性学习引擎,为学生提供个性化的学习体验;普渡大学开发的课程信号系统,可以根据学习管理系统收录的学生的学习情况及以往的学业表现,在商业智能分析技术的辅助下,对学生可能存在的学业风险进行判断,帮助学生在学业方面获得成功。

教育大数据的市场应用前景非常广阔,大数据学习分析市场已经成为各个教育科技公司的竞争焦点,一个涵盖了IT基础设施、云计算服务、数据分析、数据管理、数据可视化以及上层教育应用的教育大数据产业链逐渐形成。在提高教育质量、推动教育变革方面,全面掌握教育数据,对教育数据潜在的价值进行充分挖掘,推动教育大数据发展已成为必然选择。

在大数据时代,教育将越发个性化。未来的学校教育将逐步摆脱标准化的大班教学模式,为学生的个性化发展提供有效支持与助力。届时,课堂将成为师生互动、知识探究的主要场所,教师不再是教学活动的主导者,学生将从被动的知识接收者转变为教学活动的主体。过去那种以教师为中心、以知识灌输为主的教学模式将逐渐消失,一个以学生为中心、以能力提升为核心的个性化教学模式将逐渐成形。总而言之,在大数据的作用下,传统教育将发生根本性变革,推动教育大数据发展已成为大势所趋。

在全面推进"十四五"发展的重要时期,我国要准确把握大数据创新发展的重要机遇,认识到隐藏在其中的挑战,加强战略布局,根据现实的教育需求对大数据进行规划研究,对大数据教育应用的实施进行科学指导;在国家人才战略的引导下,通过多学科融合做好复合型人才培养工作,这里的复合型人才指的是既具备大数据思维,又具备创新能力的人才;通过数据整合与共享创建大数据管理平台,全方位、多维度、主题化地对教育动态进行分析;以研究应用为核心促进产学研用协同创新,推动大数据关键技术与应用创新,构建一个安全可靠的大数据技术体系,推动大数据在教育改革中发挥出应有的作用。

数据驱动的未来教育范式

发现学生的个性,构建个性化的教育环境是开展个性化教育的前提。在传统数据时代,因为获取信息、分析信息的手段和方法不完善,教育数据只能通过周期性、阶段性的评估获得,数据分析结果体现的是群体水平,反映的是宏观的教育状况,无法展现每个学生的个性化特点,无法为学生提供适合其自身情况的个性化学习服务。

在大数据时代,一切教育行为都有可能转化为教育大数据,教育数据的产生需要一个过程。通过大数据分析,教师可以了解每个学生的微观表现。相较于传统数据来说,教育大数据具备数据量大、数据多元化、产生速度快等特点,这些特点与个性化学习和教育相契合。

通过对教育大数据进行采集、处理与分析,可以做好学生行为模型的构建,通过对学生现有的学习行为进行分析,对未来的学习趋势进行预测,为学生的自主学习、教师与教育机构的教育决策提供更加精准、个性化的服务,如表10-1所示。

表10-1 数据驱动的未来教育的三大表现

主体	具体内容
学生	通过大数据分析,学生可以发现自身潜能,做好潜能开发,提升自己在学业方面的表现。同时,学生可以掌握学习的主动权,自行制订学习计划,监督自己的学习进度,检查自己的学习效果,根据自身需求制定个性化的学习路径,选择适合自己的学习内容

续表

主体	具体内容
教师	借助大数据，教师可以选择最科学的教学方式，对教学过程进行优化。教师可以对学生的学习过程、学习行为、学习特点进行全面跟踪，对学生的学习需求、学习态度、学习风格、学习模式进行分析评估，为学生提供个性化的学习指导，帮助学生实现个性化成长
教育管理者	在大数据的支持下，教育管理者可全面了解教育需求，制定科学的教育决策。教育管理者可对整个教育系统做出全面了解，对教育发展进程进行科学评估，根据教育数据营造教育环境，推进教育时空与教育场景变革，创建一个有利于学生实现个性化发展的课堂环境、校园环境与教师系统

基于大数据的智慧校园建设

在互联网环境下，各行各业都在积极接入互联网，教育行业也不例外，以教育信息化促进教育现代化已经成为教育改革的主流趋势。教育信息化不仅可以解决我国教育行业现存的各种问题，还能带领中国教育走向更美好的未来。目前，信息化的智慧应用已经在招生、教学科研、学校管理、家校互动、教育决策等领域广泛应用，既可以推动校园管理与变革，又可以驱动教育变革，真正做到因材施教，让每位学生都能得到个性化的发展。

◆ 智慧校园的概念与特征

（1）智慧校园的概念。

智慧校园可以看作数字化校园的升级，是借助智能物联、大数据、移动互联、商业智能、知识管理、社交媒体等新兴信息技术打造的新型校园，具有物联化、智能化、感知化、信息化的特点。智慧校园可以对教师、学生、管理人员以及基层服务人员的工作、学习、生活场景进行全面感知，对获取的信息进行及时处理，创造一个更加智能的教学环境和生活环境，满足各类群体的个性化需求，优化学校资源的管理与调度。

（2）智慧校园的特征。

智慧校园要广泛地收集信息，对各类信息进行处理、共享，根据信息处理结果对教学方式、校园的管理方式等进行创新，打造一个可以对环境进行全面感知、可以提供综合信息服务的平台。智慧校园可以借助云计算与智能融合技术存储数据，并对数据进行综合处理；借助智能感知环境与综合信息服务平台增进学校与外界的交流与互动，利用外界的创新成果改造学校的教育与管理，推动学校实现创新发展。

◆基于大数据的智慧校园建设

各学校的智慧校园建设要根据自身的实际情况购买或开发相应的应用软件系统或平台。具体来看，应用系统及平台建设要涵盖网络教学平台、科研管理平台、校务管理系统、办公系统和校园服务系统，这些平台和系统要统一数据格式与接口，根据通用的标准与规范共享信息，对学校的教学、科研、管理、服务等数据进行统一管控，实现全面智能化应用和监管。具体来看，基于大数据的智慧校园建设主要包括以下四个方面，如图10-1所示。

（1）数字化智能图书馆。

图书馆是学校一项重要的基础设施，是学校文化的重要组成部分，在一定程度上代表着学校的地位与实力。随着互联网信息技术不断发展，一些学校开始尝试利用物联网创建数字化图书馆，并配备计算机供师生查询书籍使用，支持师生及管理人员通过校内网络了解图书的租借情况，为师生利用图书馆资源工作、学习提供极大的便利，同时可以提高图书馆资源的利用效率。

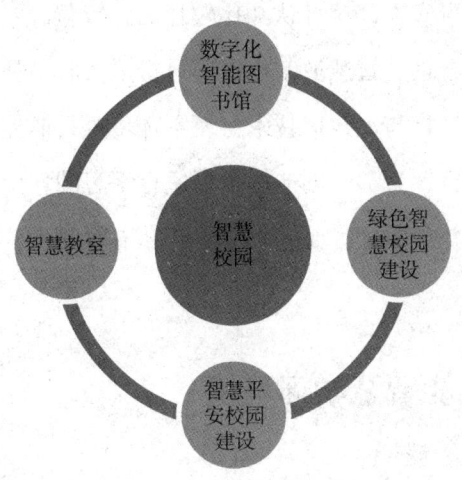

图 10-1 基于大数据的智慧校园建设的四个方面

（2）绿色智慧校园建设。

目前，已经有学校开始利用物联网对校园内的各种设备进行监控，对设备的使用情况进行分析，将设备的使用状态调至最佳，以达到节约资源的目的。除此之外，还有一些学校利用传感器对校园绿化情况进行监控管理，不断推进绿色校园建设，打造节能环保的校园环境。

（3）智慧平安校园建设。

智慧校园会广泛使用视频监控设备，创建覆盖整个学校的视频监控系统，并利用物联网技术对视频监控系统进行整合，形成一体化的具有预警功能的校园智能安保系统。借助这个系统，管理人员可以通过物联网对校园内的各个角落进行监控，切实提高校园安全管理活动的质量与效率。

（4）智慧教室。

很多人认为智慧教室就是引入一些互联网教学设备和多媒体等信息技术对传统的教室进行改造，为教学活动提供更多支持，提高教学活动的质量与效率。事实上，这种认知比较片面，智慧教室还包括对校园教学活动的精细化管理。智慧教室可以通过摄像头收集教室内师生的相关信息，并利用云计算与大数据技术对教室环境进行监控，为教学活动的开展提供更多支持，为学生创造一个更适合学习的环境，为师生互动提供方便，以提高教学质量，促进教学活动和谐发展。

大数据赋能智慧学习环境

学习环境主要包括学习者、资源、技术、地点、情境五大要素，其中物理环境包括一些学习场所，虚拟环境涵盖了各种学习系统与学习社区，这些系统与要素相结合共同构成了智慧化的学习环境。在这个环境中，学生可以感知学习场景，获取适合自己的学习资源，开展自主学习。同时，各类系统可以自主识别学生身份，将学生的学习过程记录下来进行分析与评价，为教师了解学生的学习情况，改进教学计划与方案提供科学依据，最终达到提高教学质量与教学效率的目的。

从技术层面看，智慧学习环境对网络信息技术、物联网技术以及智能感知技术进行了集成应用，对资源、环境进行了有机整合，可以更好地满足学生个性化学习需求。具体来看，智慧学习环境具有智能化、人性化、社会性、开发性的特点。

在智慧学习环境建设过程中，大数据发挥着重要作用。大数据可以对校园信息进行智慧化采集与分析，并将数据分析结果实时反馈给教师及管理人员，帮助教师调整教学计划，针对学生的学习情况开展个性化教学。除此之外，智慧学习环境还可以对声、光、温度、空气等自然环境因素进行智能控制，为学生创造一个更佳的学习环境。

智慧学习环境可以在很大程度上提高教学活动的个性化、智能化水平，对自主探究的学习环境的构建以及教学质量的提升意义重大。具体来看，智慧学习环境的创建主要包括以下四大内容，如图10-2所示。

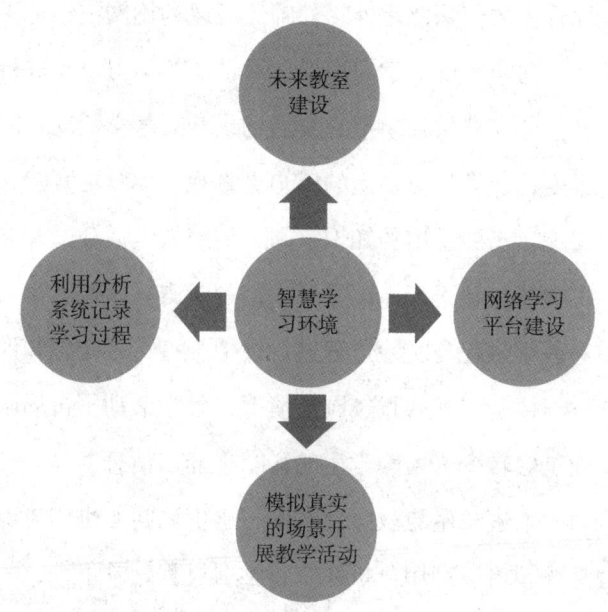

图10-2　智慧学习环境建设的四大内容

（1）在智慧校园建设过程中，未来教室建设是一项重要内容，可以彻底颠覆学生、家长对传统教室的认知。未来教室会配备一个超大的电子白板，可以通过声像结合的方式将各种教学内容展现在学生面前。学生不需要背着沉重的书包上学，只需要携带一个轻便的"电子书包"即可。未来教室的一个特色功能就是互动联结，不仅支持课堂多媒体互动，而且可以借助远程互动系统支持班级与班级、学校与学校之间的互动。学生坐在未来教室中就像坐在一个超大的公共课堂中一样，可以享受来自世界各地的优质的教学资源。

（2）在智慧校园建设中，网络学习平台建设也是一项重要内容。目前，大多数学校已经实现了校园网以及无线网的全覆盖，支持学生利用手机、电脑、平板电脑等智能化终端随时随地学习，可以满足学生对学习资源的个性化需求。除此之外，教师还可以利用网络学习平台与学生进行远程互动，向学生反馈学习成果，对学生的学习情况进行监督。

（3）智慧校园支持教师模拟真实的场景开展教学活动，降低学生对知识的理解难度，让学生对知识的感知更直观、体验更真实，从而激发学生的学习兴趣，拓展学生的知识空间。传统教学活动的开展可能因为场地有限、实验器材缺乏等原因受到一定的阻碍，而智慧学习环境可以利用多媒体对教学过程与实验过程进行模拟，打造智能感知课堂，带给学生全新的学习体验。在智慧校园环境下，教学活动不再局限于向学生传授知识，而是会转变为培养学生的科学素养与信息素养，提高学生独立思考的能力，增进学生与教师、学生与学生之间的协作与交流。

（4）智慧校园可以利用分析系统将学习过程记录下来，为学生提供个性化服务，也就是可以通过对学生的学习过程进行分析，对学生的学习情况以及行为模式进行总结，有针对性地为学生提供学习资源与课程。借助直观、科学的教育大数据，智慧校园系统可以对学生做出准确评价，对学生的学习过程提供个性化指导。同时，教育大数据可以真实地反映教育情况，为教育改革提供指导。相较于中小学的教育数据来说，高校的教育数据具有很高的科研价值，通过对高校教育数据进行分析可以辅助教学管理，改变传统的授课模式与学习模式。

目前，我国教育大数据刚刚起步，各学校正在创建数据采集网络，正在对数据采集网络在教育决策与教学管理中的应用进行探索，并尝试创建大数据人才培养体系。未来十年，随着IT时代向DT（Data Technology）时代演进，以数据驱动业务，将数据变成业务将成为教育信息化的研究重点。

从IT时代发展到DT时代之后，人们关注的重点也将从"服务"转变为"体验"。智慧校园建设必须充分利用经过处理的教育大数据，优化教学环境，深化教育改革，带给学生更优质的教育体验，推动未来教育更好的发展。

第11章
数字孪生：重构未来教学新体验

数字孪生时代的智慧教育新体验

数字孪生又称为数字双胞胎，指的是利用物理模型、传感器及各种运行历史数据，对多学科、多物理量、多尺度、多概率的仿真过程进行集成应用，将物理世界的实体映射到虚拟空间，对物体的运行状态进行模拟与预测。在工业4.0时代，数字孪生是一项核心技术，连续多年被美国高德纳咨询公司评为全球十大战略性技术之一。

为了鼓励数字孪生技术的发展，我国政府出台了很多政策。数字孪生体实验室与安世亚太联合发布的《数字孪生体技术白皮书（2019）》提出以数字孪生体为智慧型代表，并对数字孪生生产、数字孪生城市、数字孪生制造等场景进行了论证，对未来数字孪生、万物共智的场景进行了设想。工信部发布的《数字孪生应用白皮书（2020版）》对数字孪生技术在智能制造、智慧健康、智慧能源等领域的应用场景进行了描绘，为万物数字孪生的实现明确了方向。

数字孪生在教育领域的应用场景主要有三种,分别是学习工厂、实验室和学习活动,具体分析如下。

◆ **数字孪生+学习工厂**

学习工厂是面向真实的产品生产过程的实践学习场所,是企业、高校、研究机构共同创建的多功能学习环境。数字孪生学习工厂是现实世界的学习工厂在虚拟世界的映射,具有实时交互、洞见生成、虚实共生、高保真等特点。按照规模大小,数字孪生学习工厂可以分为两种类型,分别是微型学习工厂和大型学习工厂,如表11-1所示。

表11-1 数字孪生学习工厂的两种类型

类型	具体内容
微型学习工厂	规模比较小,由学校自行创建的与产品制造有关的数字孪生车间构成,如汽车发动机车间、挖掘机车间、塑料生产车间等,主要功能是帮助学习者掌握某种产品的制作流程
大型学习工厂	利用高速通信网络将多个学习工厂连接在一起,利用数字孪生技术开发的超大型数字化学习工厂,该工厂具有跨区域、跨部门、跨领域的特点

◆ **数字孪生+实验室**

数字孪生实验室是面向课程或课程的学习主题开发的,学习内容具有很强的针对性,学习者群体比较小众,主要应用于学校。

在数字孪生实验室中,数字孪生体经常被用作教学工具,供学习者和教师进行重复检测。例如,为了解决基于模型的系统工厂难验证的问题,美国加州大学开发了数字孪生实验室,支持学生利用车辆的数字孪生体反复进行实验。

数字孪生实验室为学习者提供了很多常用的、模块化的数字孪生工具,以及模拟的、可检测的学习环境,支持学习者利用这些工具创建数字孪生体。数字孪生实验室为理工科的学生创造了一个理想的学习环境,极大地提高了教学质量与教学成效。在数字孪生实验室中,学生可以利用数字孪生体对相关参数进行调控,对物理孪生体进行远程操控,开展远程探究式实验,并能获得近乎真实的实验体验。

◆数字孪生+学习活动

随着数字孪生在教育行业中的广泛应用,学生的学习活动覆盖了数字孪生设计、开发、测试与验证等多个环节。因为学习目标、课程类型、时空安排不同,学习活动的分布也表现出巨大的差异。在此基础上,数字孪生技术赋能下的学习活动可以划分为三种类型,如表11-2所示。

表11-2 数字孪生技术赋能下的三类学习活动

学习活动的类型	具体内容
以数字孪生设计、开发和验证为主的学习活动	将数字孪生体作为开展学习活动的工具与材料,支持学生自行对数字孪生体进行设计、开发、验证,通过这个过程掌握专业知识
以观察、体验和反思为主的学习活动	将数字孪生体作为观察对象、实践对象。在开展学习活动的过程中,学生可以利用学校、教师提供的数字孪生学习资源,无须亲自开发设计数字孪生学习资源
以问题解决和项目创建为主的学习活动	将数字孪生体或数字孪生环境作为问题解决环境,支持学生、教师、智慧学伴围绕某个问题开展多元化的学习活动。在这种专注于解决问题的学习活动中,教师要根据学习内容、教学目标、数字孪生学习环境等要素设计问题,与同伴设计问题解决方案,并开展相关的调查、验证活动

随着互联网技术快速发展,智能手机、平板电脑等智能移动终端的应用越发广泛,学生传播知识、接收知识的渠道也越来越多,越来越智能。在此形势下,很多新型的教育模式应运而生,教学模式变得越发多元化,利用新型信息技术推动教学创新成为目前教育行业的重

点任务。

常用的混合教学模式一味地强调学生对知识的探索与发现,整个学习过程过于理想化,教学内容设计缺乏针对性,教学资源设计与学习需求无法实现精准匹配。数字孪生技术在教育行业的应用可以推进教学改革,相关模型的建立需要明确两个关键点,如表11-3所示。

表11-3 "数字孪生+教学"模型创建的两个关键点

关键点	具体内容
明确教学全过程	整个教学过程包含四个要素,分别是学生、教师、媒介、信息。教师是整个教学过程的主体,需要从各个层面加深对学生的了解,根据学生的具体情况制定有针对性的学习内容,围绕学习效果及将来可能发生的问题建立相应的预警机制,以保证教学质量
明确教学全过程中各要素之间的信息交互	以数字孪生为基础的教学模式强调网络平台的应用,可以将教室内的物联网平台与教室外的互联网平台相结合,对学生上课过程中的状态信息进行实时收集,结合学生的历史表现,将相关信息以数字孪生的形式发送给任课教师,为教师授课提供科学指导

作为一种新型的信息化技术,数字孪生技术在教学领域的应用可以为传统的教学活动提供以下支持,如表11-4所示。

表11-4 数字孪生技术在教学领域应用的三大作用

作用	具体内容
数字孪生体模拟可以帮助教师了解学生情况	以学生实时数据为基础形成的数字孪生体可以在数字世界对学生的学习过程进行模拟,对学生的学习状态、成功完成学习任务的概率进行预测,为教师授课提供可靠的依据
学习过程预测可以用来预测学生的学习过程	教师可以利用数字孪生的仿真模拟,根据学生在各个学习阶段产生的数据对学生的学习情况进行预测,就可能发生的问题提前发出预警,并对学生进行指导
智能控制可以优化学习过程,为学生提供具有针对性的学习内容	数字孪生应用于教学领域,可以根据学生在各个学习阶段的学习情况为其推送下一阶段的学习内容以及课后学习资料,形成教学全周期闭环,颠覆以教师为主的传统教学模式,推广应用课上、课下混合教学模式

基于数字孪生的混合式教学模式可以衍生出智能教育教学体系，该体系能够实现全面感知、师生互动、智能预测。该体系在教学方式方面的应用主要包括以下几部分，如表11-5所示。

表11-5　智能教育教学体系在教学方式方面的四大应用

主要应用	具体内容
数字孪生体	利用互联网提取学生的特征信息，包括学生在上课过程中产生的实时数据，与课程有关的其他数据等，然后利用这些信息构建数字孪生信息模型。学生与数字孪生体之间的区别不仅表现为虚实差异，还表现为数字孪生体拥有人工智能模型和专家系统，这些是数字孪生技术在教学领域应用的重要基础
数字模型	在采集完学生的数字孪生体数据之后，要创建相应的数字模型，然后利用已知数据对数字模型进行反复训练，训练结束后可以利用数字模型对学生的学习行为进行预测，将预测结果反馈给学生。这样一来，教师就可以利用学生的实测数据与当前的教学过程进行虚实双向关联映射，根据预测结果对教学过程进行调整
数据交互	将学生数据和关联课程数据作为输入项，将学习结果作为输出项，推动数字模型不断迭代更新
教师—学生	教师利用数字模型预测结果对学生在学习过程中遇到的问题进行干预，有针对性地向学生推送学习资源。学生接收到不同的学习方案之后，按照不同的路径完成学习任务

◆ **基于数字孪生体的学生建模仿真**

混合教学模式中的数字孪生体根据学生年龄、性别、兴趣爱好等基础信息，教室摄像头采集到的学生在课堂上的状态信息，RFID采集到的学生缺勤信息，GPS采集到的学生位置信息，各种传感器采集到的学习状态信息，以及相关课程成绩等，与授课教师的基本信息相结合创建数字孪生体模型，然后利用专家知识库与经验库对该模型进行分析，并将分析结果反馈给教师。

◆ **基于数字模型的学情预测**

在传统的教学模式下,任课教师要承担起课堂管理的职责,对学生在上课过程中可能发生的问题进行预测,制订预防及应对方案,并对学生的学习情况进行分析。基于数字孪生的混合式教学模式改变了这一模式,该系统利用数字孪生仿真能力模拟学生学习的全过程,形成优化仿真结果,指导教师全面、立体地了解学生的学习过程,找到学生喜欢的学习方式,发现学生在学习过程中遇到的问题,为学生推荐合适的学习资源,对学生的学习路线进行优化调整,促使各个学习环节无缝衔接,提高整个学习过程的智能化水平。

◆ **基于数字孪生的教学智能控制**

教学控制是整个教学过程中非常重要的一个环节,指的是教师在教学过程中对学生的学习情况进行检查、评价,根据评价结果对教学方案进行优化调节的过程,其目的在于保证教学质量,实现教学目标。基于数字孪生的教学智能控制可以对教学过程进行优化设计,改变传统教学模式下教学过程不透明的状态,提高整个教学过程的可视化程度,为基于学生多维特征的教学预警及教学策略的精准验证提供科学依据。

"数字孪生+教学"的实现路径

基于数字孪生的混合式教学模式要通过三个环节落地,分别是建设智慧教室、创建数字孪生模型、完善数据架构,如表11-6所示。

表 11-6 基于数字孪生的混合式教学模式落地的三个环节

落地的三大环节	具体内容
建设智慧教室	智慧教室是一个现代化智能教室系统,集成了智慧教学、人脸识别、人员考勤、视频监控、环境调节、远程控制等多种功能,可以利用数字孪生技术全面采集学生信息
创建数字孪生模型	在数字孪生过程中,虚拟对象与物理实体之间必须不断地进行数据交互,只有这样才能让整个数字孪生过程不断改善。虚拟对象与物理实体之间的数据交互必须考虑数据接口与信息建模,切实提高数据交互效率
完善数据架构	数字孪生过程中会产生大量与学生有关的数据,在大数据技术的支持下可以形成一套低成本的数据存储、计算、分析、展示方案,完善数据架构

以数字孪生在计算机组成原理课程中的应用为例。计算机组成原理是计算机专业的一门基础课程,教学目标是让学生掌握计算机单机硬件系统的基本组成原理与运行机制,形成计算机整机概念,课程内容比较抽象难懂,要求学生拥有丰富的计算机知识储备,在学习过程中保持良好的精神状态。

在一般混合教学模式中,线上教学与线下教学相脱节,教师在组织教学内容时无法考虑到学生在课后的学习状态。除此之外,网上教学没有对学生进行分类,没有做到有针对性地为学生推送学习资料,不但没能对课堂教学形成补充,辅助学生理解课堂学习内容,反而导致学生因为资料过多无法理解,对学习内容更加困惑。

数字孪生技术在课堂教学方面的融入促使线上教学与线下教学相融合,充分发挥在建模仿真、学习精确推送、教学智能控制等方面的优势,收集学生课上状态、课下学习过程、考试结果等方面的数据,利用这些数据创建学生的数字孪生体,利用不同算法进行分析,将学生的数字孪生体分为不同的类型,有针对性地向学生推送信息,并借助不断更迭的信息控制整个教学流程，保证教学质量，提高教学效果。

数字孪生在教学环节的应用可以分为以下三个阶段，分别是教学准备阶段、教学实施阶段、学习效果分析阶段，如表11-7所示。

表 11-7 数字孪生在教学环节应用的三大阶段

应用阶段	具体内容
教学准备阶段	在教学准备阶段，教师可以利用数字孪生技术采集学生数据，如该门课程的成绩数据、学生的基本信息等，生成相应的数字孪生体。同时对课程知识点进行筛选分类，分为基础知识和提高知识，基础知识主要面向普通学生，提高知识主要面向基础好、学习能力强的学生，为教学实施阶段做好准备
教学实施阶段	在教学实施阶段，教师采用神经网络、专家系统等智能技术对学生的数字孪生体进行分析，根据学生的具体情况对学习内容进行分层推送，保证所有的学生都能获得适合自己的学习资料，以保证课后学习效果
学习效果分析阶段	在学期的初期、中期和后期，教师要分别对学生的学习效果进行评价，根据评价结果及时调整课程教学策略，保证教学活动顺利开展

智能信息系统的创建以及智慧教学的实现都离不开数字孪生技术的支持。但目前，数字孪生在教育领域的应用刚刚开始，相关研究还不成熟。如何利用数字孪生技术提高学校管理人员以及教师对教学全过程的感知反馈能力、精准控制与执行能力，是当前的研究重点。

第五部分
智慧医疗篇

第12章
智慧医疗：5G×AIoT重塑医疗生态

5G时代的远程医疗机器人

2019年6月27日，北京积水潭医院的田伟院长在机器人远程手术中心，在5G技术的辅助下，同时远程操控两台天玑骨科手术机器，为身在山东烟台山医院与浙江嘉兴市二院的两位脊椎骨折病人进行三维定位脊椎螺钉固定手术。这台手术一共在病人体内打入12颗螺钉，位置精准，手术过程操作流畅，结果非常成功。此次远程手术不仅体现了外地专家、当地医生、手术机器人、5G技术的密切配合，而且标志着人类距远程医疗的梦想更近一步。

在中国电信5G网络与华为通信技术的支持下，此次手术将5G、AI与骨科手术创新性地结合在一起，开创了"一对多同时开展手术"的先河，使5G远程医疗水平得以切实提升，成为外科医学领域一个具有里程碑意义的事件。

由于医疗资源分布不均，为解决偏远地区居民看病难的问题，医学界很早就提出了"远程医疗"的设想。碍于各项技术的制约，这一设想迟迟无法实现。近两年，随着5G技术以及远程医疗机器人技术的不断成熟，医生、专家不仅可以开展远程交流、会诊与指导，还可以利用5G技术操控机器人进行远程手术，解决因时间不足无法亲临现场进行手术的难题，并使手术质量与安全性得以大幅提升，让偏远地区的患者无须长途奔波就能享受到国内顶级专家的治疗，有效解决医疗资源分配不均的问题。

◆远程机器人超声

远程机器人超声是利用通信、传感器和机器人技术，由专家远程操控机器人为患者进行超声检查的医疗服务。在这个过程中，专家会根据患者端的视频与力反馈信息对操作进行实时调整，保证超声检查的精准性。在远程机器人超声检查的过程中，医院无须指派专业医生到场，只要安排护士准备好设备仪器即可。

远程机器人超声涉及的技术层面的内容比较复杂，不仅包括两路视频信号（操作摇杆控制信号、力反馈触觉信号），还包括患者端的视频、医生端的视频、B超探头影像等。在4G网络环境下，视频的分辨率只有1080P，无法支持另一端的专家做出精准的诊断。只有当视频的分辨率达到4K时，超声影像才能将检查部位的情况清晰地呈现出来，以便专家能更清楚地看到被检查部位的情况，做出更准确的判断。

4K的分辨率只有在5G网络环境下才能实现。同时，也只有在5G网络的支持下，机器臂的灵敏性才能提高，操作指令、超高清视频语音才能做到实时传输，B超影像才能做到动态传输。

◆远程机器人手术

远程机器人手术的开展原理和远程机器人超声相似,都是利用通信、传感器和机器人技术,由专家远程操控机器人开展手术治疗的医疗服务。在这个过程中,专家会根据手术端的视频与力反馈信息实时调整手术操作,保证手术安全、有序地进行。

目前,已有一些医院引进了手术机器人,比如达·芬奇手术机器人等。但远程机器人手术需要传输大量数据,而且对数据传输速率与传输时延提出了极高的要求,现有的通信设施很难满足这一要求,给远程机器人手术的开展造成了严重制约。

在开展远程机器人手术的过程中,医生要佩戴3D眼镜等设备,对手术现场的画面进行实时观察。为了让医生看到清晰、完整的手术画面,数据传输速率必须达到25Mbps。同时,在远程机器人手术开展的过程中,医生要操控机器人手臂完成各种操作,为保证操作的精准性,数据传输速率要达到20Mbps,传输时延要降至10ms。另外,远程机器人手术需要传输的数据类型非常多,比如生命体征数据、心电图数据、除颤监护仪数据、血液供应数据等,数据传输速率至少要达到20Mbps。

高带宽的5G可以满足多种类型的数据传输需求,还能保证视频分辨率达到超高清状态。而且5G的低时延特性可以保证医生端的操控与机械手臂的操作高度同步,不会出现因操作延迟导致医生误判的情况,切实提高手术成功率。

医疗机器人的典型应用与案例

医疗行业对机器人技术的应用比较常见,具体包括智能假肢的安装、医疗保健机器人的应用等。现阶段下,进入应用阶段的医疗机器人主要包括以下两类。

◆ 可穿戴机器人

可穿戴机器人即人们所说的"智能外骨骼",这种机器人可以利用智能技术对人体神经信号进行识别。ExoAtlet I 与 ExoAtlet Pro 是俄罗斯医用外骨骼制造商 ExoAtlet 研发的两种智能外骨骼。ExoAtlet I 能够让患者在技术的辅助下行走、上楼等,ExoAtlet Pro 除了具备这些基础功能之外,还能让患者自行选择行走模式,并对其身体健康数据如脉搏进行收集与分析。

针对肌肉萎缩症、肌萎缩侧索硬化症患者行走不便的问题,医学行业的研究者利用人工智能技术推出"医疗用混合型辅助肢""机器人服"产品。目前,这两种产品的销售已经得到了日本厚生劳动省的许可。

◆ 手术机器人

手术机器人是应用于手术操作、医疗健康管理的机器人。达·芬奇手术系统堪称全球范围内应用于手术操作的典型机器人代表。这个智能系统由手术台与控制终端共同构成。其中,手术台配备了三个用于手术操作的机械手臂。与传统的人工手术相比,机器人手术的灵活性更高，还能运用摄像系统对人体内环境进行实时监控，代替人类承担一些复杂性较高的手术操作任务，并减少创口面积。控制终端也配备了摄像系统，能够以立体图像的方式来呈现人体内的手术进展情况。如今，达·芬奇机器人已经被应用到很多国家的医疗系统中，在手术过程中发挥着十分重要的作用。

在手术操作的精准度方面，达·芬奇手术机器人比人类医师更具优势，刷新人们对外科手术的认知。该系统能够应用于妇科、泌尿科、心血管外科及普通外科等诸多疾病的手术诊疗过程中，还能够在心脏瓣膜修复领域发挥重要作用。利用达·芬奇机器人进行手术操作具有以下几个方面的优点，如表12-1所示。

表 12-1　达·芬奇机器人进行手术操作的四大优点

序号	优点
1	达·芬奇手术机器人能够根据医生的要求，在手术部位进行精准的切割操作，减少创口面积与流血量，帮助病人在术后尽快恢复，减少手术操作给病人带来的痛苦
2	达·芬奇手术机器人能够用特殊镜头来拍摄人体内部的机体构造，并以三维立体图像显示出来，对手术视野进行高倍放大，比医生根据肉眼所见进行的手术操作更加精准
3	达·芬奇手术机器人可以在病人体内进行精细的手术操作，并能够自由、灵活地移动控制柄。不仅如此，机械手还安装了专用的稳定器，让机器人能够精准、安全地控制手臂，这是人类医生无法比拟的
4	达·芬奇机器人采用自动化方式代替医生进行手术操作，减少人员消耗。即使是复杂度较高的外科手术，在使用达·芬奇机器人的基础上，也仅需配备一位外科医生、一位麻醉师，护士最多只需两位

除此之外，作为达·芬奇机器人的创造者，ISRG公司为促进智能系统的优化，放眼于未来，从既往病史记录中进行数据筛选与整理，着手建立完善的数据库，为机器学习提供数据支持，不断扩大手术机器人的应用范围。

大数据驱动医院数字化转型

医疗大数据与人工智能的结合应用能改革传统的诊疗模式。举例来说，互联网医院、远程医疗提升了病人的就诊体验；医院管理效率明显提高，药械不良反应监测更加合理；利用医疗大数据与人工智能，区域医院、社区医院、专病诊疗中心等都能够实现医疗资源的优化配置。

◆ 优化医疗资源配置

医院大数据由医院信息系统（Hospital Information System，HIS）与临床信息系统（Clinical Information System，CIS）共同构成。其中，医院信息系统主要服务于医院的经营管理与信息查询，具体如财务查询、门诊费用查询、药品查询、住院费用查询，等等，有助于医院的高效运转。临床信息系统主要服务于开展临床活动的医护人员，能够对病人的临床医疗信息进行获取与管理，优化临床服务。该系统覆盖了电子病历系统、护理病历系统、实验室系统、药物咨询系统、影像系统。

分析病人的就医记录数据，从中提取病人的年龄、性别、就诊时段、药品需求等信息，依据这些就诊内容，采用常态分布方式对医疗资源进行调度，配备相应的医生资源，并据此供应药品，做好不同层面的资源配置工作。运用药辅助支持系统，医生能够提高用药的准确度，降低用药出错的可能性；运用临床决策支持系统，医院能够有效避免医疗事故的发生。

针对同一种疾病，不同的医疗机构采用不同的护理方法，最终的治疗效果往往也存在一定的差别，且治疗成本各不相同。医疗机构可以对病人相关信息、医疗成本数据、治疗效果数据等进行分析,发现三者之间存在的联系,找出效果最佳、成本效益最高的护理方案,减少医疗资源的浪费。

◆ **基于大数据的健康管理**

可穿戴设备具有轻巧便携的特点,能够利用云端交互、数据交互技术对病人的身体指标进行实时追踪与检测,让医生及时掌握病人的疾病发展及康复情况,据此为其提供个性化的治疗方案。

如今,可穿戴设备已经在日常健康管理领域得到了较为广泛的应用,相关设备能够通过人机交互,利用云计算、语音识别、人体芯片、眼球追踪、裸眼3D技术等感知用户的身体健康情况,并进行高效的数据分析与处理。具体案例包括:苹果iWatch手环、小米智能鞋。美国美敦力公司开发的血糖实时监控系统(Continuous Glucose Monitoring,CGM)是这方面的典型代表,该系统使用了射频发射技术,能够通过血糖监测探头采集人体的健康数据。与传统的指血信息采集法相比,CGM系统能够获得更加丰富的数据。

◆ **医疗数据整合与智能分析**

如今,医疗行业正在进行数字化改革与升级,不断提高医疗服务的智能化水平。但因为医疗数据的应用受到诸多因素的影响,不同地区、不同医院之间缺乏信息流通,导致医疗数据具有明显的分散性特征。

针对这种情况,零氪(LinkDoc)科技自2014年以来在医疗数据整合与分析应用领域展开了大规模的布局,通过与数百家医院进行合作,先后投资10亿元来打造肿瘤患者结构化数据库,用于给医生进行肿瘤疾病诊疗及研究提供参考。该公司推出的DRESS结构化引擎，能够借助人工智能技术对医疗数据进行高效分析，提高数据质量及应用价值。

医疗大数据应用存在的主要问题是：不同医生的表达方式及习惯不同，有些表达方式无法被机器识别。在这方面，虽然美国对数据规范性的要求比较高，但医学数据中包含的业务特征仍然无法被机器算法所掌握。针对这种情况，零氪科技并没有直接将所有数据提供给机器，而是打造了进行数据整合的专业队伍。

另外，该公司还对数据集成的规范程度提出了较高的要求，在对患者实施脱敏疗法时会要求他们签署知情文件；为了对患者的治疗效果进行跟踪，公司还组建了专业的患者随访团队。通过这些方式，零氪科技从多个方面采集患者的相关数据，提高临床数据的完整性；对数据质量进行了有效的控制，从数据来源、标准性、结构化方面保证数据质量，进而推进医疗数据在临床研究、医学影像诊疗、药物审批、医疗支付等领域的应用。

医疗物联网：赋能医疗数字化转型

医疗物联网是指采用先进的技术手段，比如传感技术、射频识别技术、定位技术等，通过通信网络设备、移动终端设备等载体，遵循统一的交互通信协议及标准规定，实现医护人员、医疗设备及其他医疗对象之间的互联互通。

传统模式下，不同医疗对象之间很难实现信息交互与共享，物联网的应用则能够解决这个问题，完善医疗服务体系，提升人们的就医体验,加速医疗行业的整体运转。医疗行业能够在各个环节运用物联网实施全面管理。具体来说,可以从"物""联""网"三个层次来解析医疗物联网的核心理念,如表12-2所示。

表12-2 医疗物联网的三层理念

解析层面	具体内涵
物	指的是医疗对象,具体如医生、病人、机械设备、医疗信息等
联	指的是信息交互,具体如信息采集传感器、医疗信息集成平台、信息处理平台、医疗管理平台等
网	指的是医疗流程,具体如诊断流程、检验流程、护理流程、管理流程等,这些流程是遵循特定的标准设计的

概括而言,所谓"医疗物联网",即借助物联网技术改革医疗流程,剔除其中的冗余环节,以数字化、自动化方式管理医疗对象,实现全流程标准化,提高总体效益并降低医疗风险。

在数字化改革方面,医疗健康领域已开展多年,但具体改革成效并不明显。总体而言,以往的医疗数字化改革以单独业务的转型为主,但这种改革方式容易导致不同业务之间相互独立,无法协同。针对这种情况,大数据、云计算、物联网的应用能够以整合方式促进行业的数字化改革,打破不同业务之间的壁垒。

物联网的应用能够为医疗行业的数字化改革提供重要的驱动力。在这方面,政府部门积极出台了一系列与医疗物联网相关的政策,旨在发挥医疗物联网的推动作用,支持医院的数字化改革。

医疗物联网采用多种技术工具,如射频识别技术、光学技术等,搭配使用医疗传感装置,在遵循统一协议标准的基础上,通过医疗信息处理平台、移动终端等,促进医疗卫生领域内各个部门、不同主体之间的信息交互与沟通。医疗物联网的技术架构主要涵盖以下几部分。

◆ 感知层

感知层的主要任务是获取所需的医疗数据，这个环节涉及多种感知技术及信息采集技术的应用，具体如心电监护传感器、呼吸传感器、射频识别技术等。射频识别技术在这个层面能够得到普遍的应用，比如，医生可以使用射频识别技术采集病人的身体健康指数；医院可以使用射频识别技术进行婴儿防盗；药企可以使用射频识别技术进行药品和器械的管理与追踪等。另外，该技术的应用有助于医药用品市场建立成熟、完善的秩序体系。

◆ 网络层

医疗物联网的网络层利用了两种网络技术：有线网和无线网。无线网技术如蓝牙技术、通用分组无线服务、无线局域网技术；有线网技术如电信通信网、计算机专网等。网络层在运行过程中通常要遵循6LoWPAN标准与IP网协议。

◆ 平台层

在医疗物联网体系中，平台层发挥着重要的连接作用。具体体现为：感知层将采集到的数据发送给网络层，再由网络层发送给平台层进行数据分析，与此同时，平台层还负责对接实验室信息管理系统（Laboratory Information Management System，LIMS）与医院信息管理系统。平台层的运行能够促进不同系统间的信息沟通，并支持医院在现有基础上拓展出其他系统，增强了医疗物联网的适用性。

◆ 应用层

医疗物联网的价值在应用层得以发挥。其应用方式主要包括以下三种。

（1）运用医疗物联网技术打造系统化的应用服务体系，该体系覆盖诊疗、医疗管理与决策制定等各个环节。

（2）在特定场景下发挥医疗物联网技术的作用，解决实际性的医疗问题，满足医生、患者、医院的需求。

（3）依托医疗物联网，打造区域性医疗健康平台。

通常情况下，医疗流程在医疗机构的应用层发挥着十分重要的作用。以应用场景的特性为标准来划分，医疗机构的应用价值主要体现在成本控制与服务提供上。在应用过程中，医疗机构一方面要根据患者需求为其提供相应的护理服务，另一方面则要处理行政业务，为医疗参与者提供保障服务，并在这两个方面发挥医疗物联网的作用。

在物联网技术的支持下，逐步发展的智慧医疗将为人们的生活带来更多便利。医疗行业与物联网的结合发展，能够促进医疗资源的优化配置。近年来，国内"互联网+"战略行动的深入实践，以及众多实力型企业、初创企业在智慧医疗领域的布局，推进了物联网在医疗领域各个环节中的应用落地。

第13章
AI在医疗领域的应用场景

基于AI技术的虚拟助理

人工智能可以在医疗行业的诸多方面得到应用,从就诊流程的角度来分析,可以应用于诊前环节、诊中环节、诊后环节;从应用对象的角度来分析,可以为医院、检验机构、医生、患者、药企等提供服务。人工智能的应用能够帮助医疗行业强化成本控制,也能提高整体的诊断效率。国内"人工智能+医疗"主要细分领域包括虚拟助理、病历与文献分析、医疗影像辅助诊断、药物研发、基因测序等。

医疗领域的虚拟助理是一个智能化的信息系统,能够利用自然语言处理、语音识别技术与病人进行互动并从中提取其病情信息,运用专业的医学知识,满足病人的信息咨询需求,并在导诊环节发挥辅助作用。

从应用对象的角度来分析,人工智能既可以为医生提供辅助,又能为用户提供服务。对医生来说,人工智能在问诊方面发挥着重要的作用。国内分级诊疗在发展过程中面临着诸多问题,包括医疗设备不完善、全科医生资源短缺、医生专业度较低等。人工智能在基层医疗的应用，能够对常见疾病进行准确的诊断，并完成对重大疾病的监测任务，提高基层医疗的转诊效率，帮助基层医生更好地完成疾病诊断工作。

对用户来说，人工智能的应用能够在导诊、医疗咨询方面为其提供高质量的服务。如果用户察觉到身体不舒服但并无大碍，无须专门到医院咨询专业的医生。在这种情况下，用户可以通过与人工智能虚拟助手进行互动获得咨询服务，并在其指导下服用非处方药。

近两年，国内外不少AI医疗企业研制的智能预问诊系统进入了实际应用阶段。预问诊系统具备基础的问诊功能，能够利用自然语言生成技术、自然语言理解技术、机器学习技术与用户进行双向交互。预问诊系统可以指导病人提供自身的病情数据，按照统一的标准将其制作成门诊电子病历，为医生的正式问诊提供有效的参考。

在实施问诊的过程中，智能预问诊系统是按照层次转移的方式展开每个步骤的。这种架构方法使该系统可以遵循一定的逻辑来获取患者的总体病情信息，包括既往病史、疾病类型、治疗现状、症状表现等。在完成问诊工作后，预问诊系统还能利用自然语言生成技术出具全面、清晰的问诊报告，以基本信息、患者主诉、既往病史、过敏史及现病史几个条目，将病人的相关情况进行分类汇总与整理。

不仅如此，医生还能利用语音识别技术自动生成电子病历，给患者提供导诊服务。很多情况下，外科、口腔科等部门的医生要用双手实施诊疗操作，无法一边提供诊疗服务，一边书写病历。这时候，医生就可以利用智能语音录入系统，用语音输入方式进行资料搜索，并将病人的相关情况，比如既往病史、检查情况、检查项目、检查结果等以口述方式描述出来，根据一定的结构模板制作电子病历，减少医生在这个环节的时间成本。

在这方面,科大讯飞的讯飞医疗语音转录系统已经能够将误差率控制在3%以内,不仅如此,该系统还拥有20多种方言版本,如今已经在国内多家医院实现应用,比如瑞金医院、北大口腔医院。此外,"晓医"是科大讯飞开发的智能导诊机器人,该产品依托人工智能与语音识别技术,可以与病人进行语言互动,并从互动过程中提取病人的需求信息,为病人提供导诊服务,比如指引病人找到某个科室,针对病人在就诊过程中产生的疑问提供相应的信息服务,提高分诊效率。如今,科大讯飞的"晓医"导诊机器人也在多家医院实现了应用落地,比如北京301医院、安徽省立医院等。

基于AI技术的新药研发

人工智能的应用能够颠覆传统的药物研发,缩短临床研究周期,降低实验失败率。药物研发的过程包括靶点筛选、药物挖掘、临床试验、药物优化等众多环节。人工智能与云计算技术的结合应用,能够深入分析小分子药物的特性,在药物固相研究、化合物组成等方面发挥重要作用,提高新药研发的效率,节约研发成本,减少研发过程中出现的失误。

利用超级计算机进行药品研发的美国公司Atomwise是这个领域的重要代表,该公司运用人工智能技术对数据库中的众多化合物进行筛选,从中找出具有潜在医疗价值的候选化合物,在几天之内,只需数千美元就能完成整个研发过程。该公司在2015年采用这种方法,运用人工智能技术,在一天之内就发现了针对埃博拉病毒有效的候选物,大大缩短了药物研发周期。

中国领先的肿瘤诊疗一体化平台公司思路迪(3D Medicines)主要从事肿瘤精准医疗,在对临床诊疗数据、肿瘤生物学特征、药物研发数据进行分析的基础上,进行肿瘤疾病早期检测、诊断与药物开发。靶向药物治疗是其抗肿瘤新药研发的一个环节,抗PD-L1肿瘤免疫治疗新药项目就是该公司与其合作伙伴共同成立的。如今,这个项目正在中国、日本与美国实施临床开发。现阶段,虽然我国已经在药物挖掘领域实现了对人工智能技术的应用,但因为人工智能算法对数据资源的需求量大,时间成本消耗高,其在药物研发过程中发挥的作用还需要经过一段时间才能显现出来。

人工智能技术的应用能够改革传统的药物研发模式,缩短新药开发的周期。以往,药物研发要耗费大量的资金、时间与精力成本。数据统计显示,药物研发平均耗时达十年之久,资金消耗量高达10亿美元,这个过程包括了靶点筛选、药物挖掘、临床试验、后期调整等环节。如今,国内很多企业都在探索人工智能在药物研发领域的应用,努力促进智能技术在新药挖掘与临床试验环节的应用落地。人工智能在药物研发领域的应用如表13-1所示。

表13-1 人工智能在药物研发领域的应用

	药物研发	人工智能结合点
药物研发阶段	靶点筛选	文本分析
	药物筛选	高通量筛选、计算机视觉
临床试验阶段	病人招募	病例分析
	晶型预测	虚拟筛选

（1）靶点筛选：药物在体内的作用结合位点被称为"靶点"，靶点与酶、基因、转运体、受体等紧密相关。在进行药物开发时，第一步要做的就是进行靶点筛选。以往，研发者要采用交叉匹配的方式来分析药物对人体各个靶点的作用，通过实施大量的筛查工作来寻找分子药靶。

人工智能的应用能够改革传统的靶点寻找方式。利用人工智能对医学论文、临床试验的信息进行数据挖掘，寻找适用于靶点筛选的相关知识，在进行数据分析的基础上确定靶点所在区域，通过这种方式缩短药物研发的周期，并加强这个环节的成本控制。

（2）药物筛选：这个环节也即药物研发者所说的"先导化合物筛选"，指的是以特定的生物活性与化学结构为标准，在试验过程中配备不同的小分子化合物，在确定符合标准的化合物组合后，根据实际需求对其结构进行调整。人工智能在这个细分领域的应用价值体现在：将高通量筛选转换为虚拟筛选；或者通过人工智能技术的应用改进高通量筛选。人工智能中的图像识别技术，能够对药物影响下的患病细胞的变化进行分析，据此寻找对疾病有治疗效果的药物。

（3）病人招募：大多数临床试验在病人招募方面存在问题，试验过程无法顺利开展。依托人工智能技术对病人的病历数据进行价值提取，能够从中寻找适合作为试验对象的病人，促进临床医学试验的发展。

（4）药物晶型预测：制药企业非常看重药物晶型的价值，药物的治疗效果与药物晶型的溶解度、熔点存在直接的关系。人工智能的应用能够降低药物晶型配置的复杂度，加速晶型开发，降低成本消耗，尽量避免企业忽视重要晶型。

当人工智能在各个领域发挥的作用越来越重要时，要想将机器的行为控制在可预测的范围内、克服人工智能技术发展的瓶颈，就要深入理解所有逻辑推算的运行原理。由此可见,大数据与人工智能的应用仍然有很长的道路要走,对与人们的身体健康紧密相关的医疗行业,研究者要付出更多的耐心,以更加理性的态度对待人工智能的应用。

除此之外,大数据与人工智能的应用还涉及监管方面的工作。根据国内相关法律的规定,包括医务人员与医疗机构在内,都需要保护病人的隐私,若擅自将病人的信息透露给第三方,导致患者的正当利益受损,就要承担相应的责任。这些规定限制了人工智能企业对病人数据的采集,也提高了其信息获取成本。与此同时,在先进技术的支持下,医疗行业可用的数据类型日益丰富,但针对这些数据的法律政策有待完善,给人工智能产品的应用造成了一定的阻力。另外,目前医疗人工智能产品比较昂贵,最先受益的通常为经济收入较高的人群。举例来说,当人类利用人工智能发现了针对癌症的治疗方案后,收入水平较低的人却无法获得治愈机会,这有违道德伦理。在推动医疗大数据与人工智能结合应用的过程中,要将这些问题都考虑在内。

基于AI技术的基因测序

基因测序主要用于基因检测领域,能够对基因结构进行深入分析,在产前筛查、肿瘤预测、遗传病诊断等方面发挥重要作用。由于人体的基因组包含众多碱基对,基因数量十分庞大,承载着大量的数据信息,要想从这些数据中进行价值提取,就要进行基因检测。

以解码与记录为主的高通量测序方式,在基因解读方面发挥的作用十分有限,很难实现对基因序列信息的价值提取。人工智能技术的应用则能够解决这个问题。在完成数学模型的构建工作后,在对基因信息进行分析的基础上,提高模型的学习能力,使其掌握人类核糖核酸的剪切规律。选择有效的生物学方法改进这个模型,再用病例数据对模型的价值进行客观的评估。

父母遗传给后代的基因密码高达30亿个。只有对数量庞大的基因密码进行解读,才能更好地了解每个人的身体健康情况,基因检测则能够在这个领域发挥重要作用。如今采用的高通量测序技术虽然能够进行信息记录与解码,但在基因解读方面的应用价值较低,难以对基因序列进行深入的剖析。且运用高通量测序及时进行基因组分析的周期较长,无法满足临床医疗服务的需求。如果转换成人工智能技术,就能对临床数据进行高效的分析,据此对患者的身体健康情况进行评估,判断其是否存在罹患糖尿病、癌症、心脑血管等疾病的可能性。

IBM推出的Watson for Oncology(沃森肿瘤专家)认知计算系统,能够根据实证信息为医生制订治疗方案提供价值参考,作为一种辅助工具在肿瘤诊疗方面发挥重要作用。该系统是IBM与纪念斯隆-凯瑟琳癌症中心(MSK)依托美国国立综合癌症网络提供的信息,并结合美国在癌症临床治疗领域积累丰富数据所开发出来的,由该系统辅助制定的癌症治疗方案比MSK医生根据经验进行的方案设计更加科学、准确。

这款认知计算系统无法代替医生进行决策制定,但能够为医生提供重要的参考意见。该系统运用了认知技术,具备自主学习能力,能够从医学期刊、论文、研究报告、病历系统中提取相关信息,对患者的病情进行科学分析,以世界上最权威的肿瘤临床信息为参考,针对患者的具体情况为其提供有效的参考意见,这些意见是从文献数据分析中得来的,能够提高诊疗的准确率。如今,国内的拓普基因已经引进了沃森肿瘤专家系统，旨在利用人工智能技术进行基因检测，为患者提供针对性的诊疗服务。

AI电子病历与文献分析

电子病历是对传统病历的升级，是以电子化的形式来收集、储存患者的病情变化情况，以及患者与医生之间的互动情况，涵盖了检测项目及结果、住院情况、手术情况、医嘱等内容。具体信息类型分为结构化数据与非结构化数据两种。

从医学文献、电子病历中进行数据价值的提取，能够为医学研究提供精准的信息参考，并促进新药开发与医疗设备的生产制造。人工智能中的自然语言与机器学习技术能够对不同类型的医学文献、病历数据进行深度的信息处理与分析，以结构化的数据形式完成数据存储与统一管理。我国部分医疗科技企业依据完善的知识架构体系，开发出了用于辅助临床决策的智能系统，在医疗诊断环节为患者提供病情分析、诊疗建议、用药指导等服务。

在打造医疗知识架构体系时，医学研究者要对庞杂的医学知识进行分类提取与整合。在医学知识分类提取方面，以往按照医学词典与传统逻辑方式采用的实体抽取模式已经无法满足现代医学发展的需求。原因在于：一方面，现如今的医学词典无法覆盖所有生物命名实体；另一方面，在语境转换后，词语所代表的实体也可能发生变化。所以，传统的文本匹配方式不能对医学实体进行准确识别。

在现代医学实体识别方面，深度学习算法的应用逐渐增多。经过检测发现，BiLSTM-CRF模型比较适用于这个细分领域。一般情况下，数据来源渠道不同，医学数据的特征也存在很大区别，在进行数据整合时，可以采用SVM分类方法、分类回归树算法等将同类实体规整到一起。

相较于其他行业的数据资源，医疗类业务系统涉及的数据缺乏集中性，且种类丰富、复杂程度高，涵盖临床试验及诊疗数据、区域人口数据、医疗管理数据等。

2017年以来，不少国内企业将大数据技术应用到医疗数据分析领域，推动了精准医疗行业的发展。具体而言，这些企业利用大数据平台实现对医疗数据资源的价值提取，助力于国内的临床科研、精准医疗。

在应用自然语言处理技术的基础上，大数据平台能够对电子病历中的文本信息进行数据结构化处理，完成句法分析、实体识别等操作。然后机器学习技术结合相关模型算法的应用能够在临床决策环节发挥辅助作用，有助于提高医生决策的准确性。

另外，医学科研人员还能根据大数据对电子病历的处理结果，对疾病规律进行总结，并分析不同疾病之间的联系，查询患病根源等，从中寻找具有研究、开发价值的项目。

智能医疗影像辅助诊断

医学影像提供的数据在所有医疗数据中的占比达到90%，也就是说，医学影像是医疗数据的主要来源。具体来说，X光、PET、核磁共振设备产生的数据都属于医学影像数据。目前，医学影像数据的总体数量仍在快速增长，但放射科医生的增长非常缓慢，这导致很多医院面临着放射科医生资源紧张的问题。

AI在医疗影像辅助诊断领域的应用则能够在一定程度上弥补医生资源的短缺。医生可以利用人工智能中的计算机视觉技术对医学影像进行图像识别,基于临床实践、医学影像解读过程中产生的数据,提高机器的自主学习能力,并将其应用到医学诊疗决策环节,提高医生诊断的效率。

如今,医学影像是人工智能在医疗行业应用最成熟的领域。医学影像为医疗行业提供了大部分的数据,为医生实施疾病诊断提供了必不可少的参考。人工智能在医学影像中的应用,就是利用计算机系统与人工智能中的深度学习技术,对医学影像进行图像分割、信息检索、目标检测等。用人工智能代替医生进行图片处理、信息储存与电子病历制作,提高诊断准确度,让医生将更多精力投入更有价值的领域。

医学影像公司雅森科技创办于2006年,采用智能方式对包括心脏、肺、肾、大脑、甲状腺与各处骨骼在内的医学影响进行分析,对影像图片实施重构与分割,选择相应的算法模型开展机器训练、数据深挖、图像处理,致力于推出标准生物物理影像模型,基于数据分析在医疗诊断过程中发挥人工智能的作用。

近年来,国内阿尔茨海默病的患者数量明显增加。医学研究者尚未找到该病的病因,也无法采取有效方式来逆转病程或阻止疾病发展。在疾病诊疗方面,医生无法识别阿尔茨海默病的患病前兆,不能从脑电图、核磁、量表中的任何一项中锁定问题。在这个领域,雅森综合运用这三种数据,并与神经网络模型及机器训练、深度学习技术结合使用,综合多方信息,发现这些信息与患者疾病表现之间的联系,最终给出预测结果。通过这种方式,雅森能够将疾病发现时间提前三到五年,在确诊后实施干预,从而让患者获得比患病中期或后期更有效的治疗。

具体来说,人工智能在这个领域的应用集中体现在两个方面,如表13-2所示。

表13-2 人工智能在医疗影像领域的两大应用

应用方式	具体内容
数据获取	利用人工智能中的图像识别技术进行影像解读,完成数据采集
深度学习数据	对影像数据、临床诊断数据进行价值挖掘,不断提高人工智能系统的诊断能力

如今,人工智能在医疗影像方面的应用场景主要集中在食管癌、肺癌等疾病的检查方面,此外,一些疾病的病理检查与核医学检查也会用到人工智能技术。

在诊断肺部肿瘤疾病时,人工智能的应用过程可分为以下几个环节:在拿到医疗设备提供的影像图片后,通过预处理将干扰因素排除在外,接下来,采用分隔算法制作肺部区域图像,找出图像中的肺结节区域。在进行数据收集的基础上,运用卷积神经网络实施数据分析,锁定结节的具体位置,判断肿瘤的良性与恶性。

医学行业对病理的重视程度较高,往往会根据病理给出疾病诊断结果。但在具体实施过程中,为了确定癌细胞是否存在,医生需要在病理切片观察方面投入很多的时间成本。由于病理诊断过程非常复杂,容易受到其他因素的干扰,这个环节经常出现误诊情况。人工智能的应用能够提高病理诊断的准确性,减少误诊情况的发生。根据病理进行疾病诊断不仅要从全局角度进行分析,还要具体到细微处,所以与其他人工智能辅助诊断方式相比,病理方面的人工智能应用对技术专业度的要求更高。人工智能除了要对细胞特征进行把握之外,还要对生物行为进行分析。

目前,国内不少企业正在探索人工智能技术在病理诊断方面的应用,并推出了一些用于宫颈癌、乳腺癌等疾病诊断的智能产品。

第14章
AI智慧医疗的机遇、挑战与趋势

AI智慧医疗产业的发展机遇

近年来,人工智能在医疗器械与制药领域的应用范围不断拓宽,其应用能够缩短产品的研发周期,提高人们的身体健康素质。尽管"AI+医疗"具有明显的优势,但该领域在发展过程中也面临着许多来自监管系统的挑战。为了减少医疗人工智能发展的阻力,相关利益方应该建立良好的合作关系,共同促进监管体系的完善。

◆基于AI技术的诊断评估

医疗行业可以用人工智能工具对临床试验的纳入和排除标准进行评估。如今,基于人工智能技术的诊断工具已经在临床试验领域得到了应用,研究者自然需要对其纳入和排除标准的合理性进行有效的判断。利用人工智能工具进行评估能够提高这个环节的工作效率,并达到节约成本的目的。

人工智能工具在样本评估方面发挥的作用，是低收入与中等收入国家非常看重的一点。一般情况下，这类国家在研究生物样本从而进行疾病诊断的过程中，因专业人才不足而无法对生物样本进行评估。人工智能工具的应用则能够为这个问题提供有效的解决方案。

◆基于AI识别的临床决策支持

对于首次开发出来的药品，需对其临床药效进行评估。在这个环节实现人工智能的应用，能够提高评估效率，强化成本控制，加快推出医疗治疗的新方案。以CT扫描的成像端点评估为例，人工智能的应用能够提高成像结果识别的准确率，尽可能地减少外界因素对最终测量结果的干扰。随着技术水平的提高，人工智能甚至能够完全取代放射科医生，在节约成本的同时提高测量效率。

此外，人工智能的应用能够促进临床试验发生变革，依靠智能算法技术缩减实验对象的规模。以帕金森临床试验为例，研究人员可以通过患者佩戴的加速器来收集其运动障碍数据及实际的发展情况，利用人工智能算法实施数据分析与处理，进一步了解患者的病情变化及整体的身体状态，进而对药物的治疗效果进行全面、有效的追踪。

相较于传统的药效评估方式，利用人工智能进行评估，能够精确地掌握患者病情的不同表现状态对应的时间。通过改革传统的临床试验方法，减少参与实验的患者的数量，对首次开发的药品的效果进行客观、有效的评价。

人工智能在这个细分领域的应用，能够将传统模式下的交错评估转换为连续评估，通过这种方式得到更为全面的记录信息，减少临床试验参与者的数量，加速临床试验的研究进程，降低研究成本。

医学临床试验分为不同的阶段，与Ⅱ期临床试验相比，Ⅲ期临床试验更注重对安全性的考察，因而需要足够多的实验对象参与进来。所以，人工智能的评估价值在Ⅱ期临床试验的体现更加突出。另外需要注意的一点是，人工智能的应用对医学临床试验的改革是在探索中进行的。

◆从非结构化文本中提取数据

医疗行业的数据来源多种多样，网络渠道、医疗保健公司、卫生局的非结构化文本包含了许多价值数据，这些数据或简单或复杂，如果能够用数据存储系统对这些数据进行分类管理，就能为研究人员的评估工作提供更多便利。

人工智能中的自然语言处理技术能够应用于数据提取中，还能在数据分析与挖掘方面发挥重要作用。在这方面，市场上已经出现了相关的人工智能工具，能够对产品特性等非结构化文本进行数据提取，据此判断药品中包含哪些物质以及该药品的作用强度。

药企和卫生局可以将文本挖掘工具应用到药品成分控制文档的制定过程中，利用人工智能挖掘工具对文档的有效性进行判断。

举例来说，制药公司可以利用人工智能工具寻找产品制造所需的原料，或者对产品中是否存在同类化学杂质进行检验。卫生局可以利用人工智能工具进行决策调整与优化，药企则能够用这种工具对卫生局的规定内容进行总结，并根据这些内容改进现有的监管体制。

◆自动化行政工作

无论是医务工作者还是卫生局的工作人员，都要处理很多行政事务，机器学习技术与流程自动化技术的应用能够提高他们的工作效率。

如今，欧盟已经成立人工智能高级小组并推出"欧洲人工智能联盟"，在人工智能联盟会议上对于怎样利用AI与RPA（Robotic Process Automation，机器人流程自动化）技术来管理癌症IA期[①]变异展开多方协商。要实现人工智能在这方面的应用落地，就要允许那些未得到授权的企业在相关领域展开布局，还要确保企业向卫生局进行报备。

在处理行政工作时，工作人员可以使用人工智能技术对登记证或贸易登记册副本所包含的价值信息进行提取，以规范化的方式将提取出来的各类数据上传到数据存储系统中。如今，行政工作人员已经在利用人工智能技术进行发票处理，并将从发票中提取出来的价值数据交给企业ERP（Enterprise Resource Planning，企业资源计划）系统进行统一保管。

AI智慧医疗产业面临的挑战

◆如何验证不断"学习"的AI软件？

由于人工智能系统能够进行持续性的学习，AI医疗拥有十分广阔的发展前景。但需要注意的一点是，伴随着持续学习的进行，人类应该采用恰当的方式，选择恰当的时机对基于人工智能技术的软件进行验证，可以在某个学习周期结束后采用交错方式实施验证。

为了保证验证结果的有效性，还要对验证方法进行评估。从某种程度上来说，人工智能软件的自主能力越高，其系统应用的安全性就越低。所以，在进行验证的过程中，要注重对验证工具的选择。另外，还

---

① 癌症IA期是癌症的临床分期，该分期是早期的癌症，是判断病情、预后的主要因素。

要对验证结果进行检验与监督。也就是说,在对人工智能相关的软件进行验证时,要选择最佳的途径与方式。

◆如何评估临床端点发出的安全信号?

如上文所述,人工智能技术的应用能够促进临床试验发生变革,具体来说,研究者能够依靠人工智能工具找到新的临床端点。但在进行数据分析的过程中,需要对其中的安全信息进行全面的评估。比如,在利用患者佩戴的加速器进行数据采集的过程中,能够通过数据分析判断患者当前的活动情况。在具体执行过程中,要通过恰当的方式对数据中包含的安全信号进行收集与分析。

◆如何审查使用AI的医疗技术?

随着技术水平的提高,医疗设备的复杂程度也逐渐增加,导致监管部门的审查工作也不再像之前那么简单。举例来说,首个用于疾病诊断的人工智能软件已经通过了认证,该软件能够独立完成识别任务。

再比如,利用机器学习技术中的神经网络,能够对皮肤镜图像进行分析,识别黑色素瘤。美国食品药品监督管理局(FDA)负责对这类技术设备进行审查,欧盟目前已经具备了相对成熟的医疗器械审查机制。所以,欧盟选择通过第三方机构进行医疗设备的审查。

为了提高技术产品应用的规范化水平,负责进行设备审查的机构需要掌握许多专业的知识,在对相关技术进行深入研究的同时,也要把握其应用领域及具体的病种知识。在这方面,对于第三方机构提供的设备审查结果,欧盟的人工智能联盟会对这些结果进行评估,指出其中存在的问题。

◆ 谁拥有患者的数据？

在人工智能系统进行深度学习的过程中，要为其提供足够多的数据资源，为此，要将患者作为数据采集对象。最终开发出来的人工智能产品具有不同的用途，或者是局限于商业化应用，或者是服务于病人，这主要取决于数据资源掌握在谁的手中。

人工智能的医疗化应用涉及多方利益，包括医院、病人、医疗服务提供者、法律专家等，这些参与者应该加强合作，综合分析人工智能应用项目的内容及具体情况后再进行选择。

在医疗领域利用人工智能技术进行工具开发离不开患者数据信息的提供。为了加速该领域的发展进程，相关参与者制定统一的数据应用标准并严格执行，做好患者的信息安全保护工作。

综上所述，AI医疗拥有无限的发展潜力，也在发展过程中面临着诸多阻力，目前相关产业及监管行业的布局都未进入成熟阶段，需要在后期发展过程中不断完善。

AI智慧医疗产业的发展路径

人工智能的发展以数据为基础。在机器学习领域，模型对未来数据的分析能力与模型本身的复杂性和表达能力成反比。为了提高模型的数据解读能力，应该为其提供足够多的训练数据，但经过训练的模型往往不适合用于分析新数据。针对这种情况，为了提高模型对未知数据的预测水平，要进一步扩大数据规模，更加注重数据积累。

在AI医疗领域发展的过程中，数据的价值表现得尤为突出。比如，企业要想实现人工智能在医疗影像解读方面的应用，就要从公开数据集或者合作医院收集足够多的影像数据资源。处于发展早期的企业可采用这种运营方式，但伴随着企业的发展，这种数据获取方式的不足之处就会显露出来。

举例来说，对肺结节CT进行智能化识别的企业，为了收集数据资源，会选择与特定的医院达成合作关系。然而，生产CT设备的厂商不止一家，在市场上流通的设备机型也各不相同，但企业从合作医院获得的数据资源，只源自上百种机型中的一种，经过数据分析后建立的模型只针对这一种机型，由于不同机型的电压、电流等指标并不统一，经过数据训练后的模型也不具有普适性。

另外，有的病人以平躺的姿势接受检查，有的病人则以趴卧的姿势接受检查，加上CT像素、设备层厚差、薄层重构算法的不同都会限制模型的应用。所以，要想运用人工智能对更多的医学影像图片进行解读，就要从数据方面着手，与更多的医院建立合作关系，获取更多的数据资源，并积极进行技术层面的探索。

◆ 医疗AI产品需要实现从试验向临床应用的突破

如今，根据企业的验证结果，业内普遍认为利用人工智能进行肺结节、糖网病筛查的误差率较低，但实际情况仍有待商榷。因为企业是以自己积累的数据为基础开展模型训练，对人工智能的诊断效果进行的评估也是以自己的数据为参考标准。这种方式得出的评估结果与临床试验之间是存在很大差距的。真正的临床试验会受到许多因素的影响，具体包括以下三点，如表14-1所示。

表 14-1　影响临床试验的三种因素

影响因素	具体内容
数据采样	对糖网病进行筛查时，并非所有受检者的免散瞳眼底彩照都符合筛查标准，受检者瞳孔大小、晶状体情况都会产生影响。另外，为了节约成本，不少基层医疗机构的免散瞳眼底彩照是由手持眼底相机拍摄的，质量难以过关
数据格式	医疗行业并未针对病理数据设置统一的标准，不同医院用于扫描病理切片的扫描设备来自不同的厂家，其数据格式也缺乏统一的标准，针对这个问题，扫描设备生产厂家与医院都要参与数据格式标准的制定与实施
诊断标准	在医疗影像解读方面，图像识别技术的应用价值已经得到了行业的认可，其技术水平也不断提高。在今后的发展过程中，关于图像识别技术在医学影像解读方面的应用，要在现有基础上进一步优化其算法。比如，对于甲状腺结节的诊断，医生不仅要根据彩超呈现出来的图像进行诊断，还应该对抗体的反应、甲状腺功能的表现进行分析。要考虑患者基本情况、临床表现及其他相关因素对预测模型的影响，从不同维度提高人工智能在医疗影像领域的应用效果

◆加深合作，建立可持续的商业模式

目前，医疗人工智能企业主要采用与指定医疗机构合作的方式推广产品，但产品应用离不开数据的支持，而数据是医院资产的重要构成部分，仅限于在医院内部使用。有些企业尝试采用类似软件销售的模式，将医疗人工智能产品销售给医院，但在产品资质审核、计费方面存在很多问题。为了解决这些问题，医疗人工智能行业应该建立并实施可持续的商业模式，积极联手医院与政府相关部门，面向医疗机构输出相应的服务。

举例来说，消化胃镜智能系统利用人工智能，依托云平台的数据挖掘，能够用于静脉曲张、胃癌等疾病的检测，帮助医生进行准确的疾病诊断，改进基层医疗机构的整体服务。某医疗人工智能企业为促进其疾病筛查产品的应用推广，争取到了当地政府的支持，在社区基层医疗机构实现了产品应用的落地，并获得政府提供的补贴。

◆明确医疗责任主体，划清权责范围

人工智能的应用不仅能够降低成本消耗，还能提高医疗诊断的准确率，能够为医生和病人提供高质量的服务。但目前关于人工智能辅助诊断的责任主体还难以确定。在与医疗虚拟助手进行互动的过程中，如果用户无法清晰、准确、全面地描述病情，会出现医疗助手制订的诊疗方案与用户的实际需求不匹配的问题。

◆制订人才培养计划，抢占战略制高点

在人工智能发展过程中，专业人才发挥着不可替代的作用。根据全球最大的职业社交网站 LinkedIn 发布的《全球人工智能领域人才报告》，中国对于 AI 人才的需求数量很大，总体需求已经超过 100 万人，但同时也是 AI 职位空缺较严重的国家，目前虚位以待的职位达到 12113 个。尽管我国拥有海量的人工智能数据资源，但在人才资源方面，我国明显落后于发达国家。

"人工智能+医疗"领域对复合型人才存在着大量需求，但在我国，既懂得人工智能又懂得医疗的专业人才非常稀有。要想加快医疗人工智能行业的发展，就必须强化人才培养。

针对这种情况，政府部门提高了对人才的重视程度，颁布《新一代人工智能发展规划》，强调在人工智能发展的过程中，要重点打造高端人才队伍。与此同时，为了将国内人工智能高端人才集中到一起，国家还积极布局开放创新平台，为交叉学科研究的开展提供支持，加强科研、教育、生产领域的合作，共同发力培养人才。

第五部分 智慧医疗篇

AI智慧医疗产业的未来趋势

用人工智能解读医学影像，能够提高图片识别的精准度，用基于AI的微缩机器人，能够找到病灶的准确位置。此外，人类还可以利用人工智能进行疾病预防，降低看病难度。由此可见，人工智能可以在医疗领域得到广泛的应用。

在人工智能医疗的布局上，国外的发展重点是利用人工智能进行药物研发。相比之下，我国更注重在医学影像解读方面促进人工智能应用的落地。相较于其他医疗细分领域，人工智能与医学影像的结合更为成熟，目前已经在融资、盈利方面取得了突出成绩，其市场规模也遥遥领先。

我国AI医疗产业在发展过程中需重点克服以下几个方面的阻力，如表14-2所示。

表14-2 AI医疗产业发展面临的五大阻力

阻力	具体表现
人工智能专业人才短缺	国外的研究环境、工资待遇比我国更有优势，导致我国出现了人工智能人才流失的情况。针对这个问题，我们应该向美国等国家学习，及时出台相关的支持政策，从住房、落户、医疗等方面为人工智能人才提供更好的生活保障与工作条件，缓解人才紧张的情况
健康医疗数据开放度低、安全性低、归属不明确	我国的健康医疗数据在应用环节受到诸多因素的限制，除了开放、安全、归属问题之外，还存在数据成本高、缺乏统一标准、伦理质疑等问题。尽管各个领域都在聚焦于这些问题的解决，社会层面也展开了相关的讨论，但目前仍未找到有效的应对方案
人工智能医疗器械的审批标准不够完善	在我国，人工智能医疗器械的审批任务由中国食品药品检定研究院承担。人工智能医疗器械与常规医疗器械不同，所需的审批方法、审批步骤、负责人员也不同。近年来，人工智能技术持续发展，人工智能器械的应用也不断增多，为了提高AI医疗器械的规范化应用，相关部门要加快制定审批标准，并在实施过程中更新完善整个体系

续表

阻力	具体表现
人工智能仍然面临"黑盒子"问题	虽然人工智能可以在诸多领域得到应用,但与之相关的大部分结论源自经验总结,未经过理论验证。这种"黑盒子"问题使人工智能的应用存在很大的风险
人工智能医疗的产业发展渐趋成熟,商业模式更加明确	人工智能的应用除了能够减轻医生的工作负担之外,还能在疾病诊断方面发挥辅助作用,降低误诊率。但医疗机构在这方面不存在强烈的需求,应用付费、应用场景也不明确

要从政策层面促进人工智能医疗的发展,就要重视行业监管。为此,相关部门要抓紧时间制定并实施针对性的法律法规,明晰人工智能在医疗行业中的定位,明确人工智能是为医生提供辅助作用的工具,其应用目的是为病人提供更加优质的医疗服务,诊断结果的责任主体是医生。

针对医疗数据方面的短板,应该促进政府部门、医疗机构之间加强信息交流,打破不同地区、机构之间的信息隔绝状态,真正实现数据共享。创办针对不同病种的临床数据中心,以患者为数据采集对象,采用技术手段为患者提供可靠的隐私保护。

目前,很多中西部地区的人工智能基础比较薄弱,但这些地区在人工智能的医疗应用方面存在着大量的需求。针对这种情况,可以加强对中西部地区的政策支持力度,加快这些地区的互联网建设与发展。另外,还要推动基层医疗的改革,为基层医疗发展提供资源方面的支持,改善其服务质量。

针对AI医疗发展过程中存在的问题采取相应的措施,能够逐步扩大人工智能在医疗健康领域的应用范围,进而实现人工智能与医疗的深度融合。

第六部分
智慧物流篇

第15章
大数据时代的物流企业CRM变革

物流大数据蕴含的商业价值

互联网和信息化技术的迅猛发展，导致各行各业涌现出海量数据。这一现象在物流领域尤其明显：货物的运输、仓储、搬运、配送、包装、再加工等全程物流中的每个环节都会产生大量数据，导致物流企业越来越难以对这些数据信息进行及时有效的处理分析。

大数据则为物流企业提供了有效的问题解决方案。物流企业依托大数据技术构建数据中心，深挖隐藏在海量物流数据背后的有价值信息，从而实现对物流供应链的智能化动态监管，获取更多利益。

大数据时代下，如何充分利用大数据技术提高物流运作的效率与效益，已成为众多物流企业关注的重要议题。下面将首先介绍物流企业在应用大数据方面的优势，然后分析大数据在物流企业中的具体应用，以及大数据应用中可能存在的问题和解决对策。

面对迅猛增长的海量数据，物流企业一方面要不断增加在大数据方面的各种投入，另一方面也要转变以往的思维认知，不只是将大数据视为一种数据挖掘和分析的信息技术，更要将其看作重要的战略资源，从企业战略规划、商业模式和人力资本等方面进行布局，充分发挥大数据对企业发展的巨大价值。具体来看，对于物流企业来说，大数据的价值主要表现在以下四个方面。

◆ 信息对接，掌握企业运作信息

电子商务的迅猛发展既为物流企业提供了巨大的发展机遇和空间，也带来了更大压力和挑战。随着全程物流的每个环节都不断产生海量数据，以往的数据收集和分析处理方法越来越无法满足物流企业在每个环节的信息需求。大数据则可以帮助物流企业将信息对接起来，通过对每个节点海量数据的收集、筛选、整理与分析，将其转化为有价值的信息，从而使物流企业能够实时动态掌控自身的整体运作情况。

◆ 提供依据，帮助物流企业做出正确的决策

以往物流企业主要是基于市场调研和主观经验制定相关决策，容易出现偏差甚至失误，也越来越无法适应大数据时代下的企业发展诉求。与此不同，利用大数据技术对市场中的海量数据进行收集、分析和处理，物流企业可以实时获取具体的业务运作情况，准确把握哪些业务领域发展较快、利润空间更大，并据此做出最合理的决策，将更多资源精力投入具有高额利润的业务上。

同时，物流企业还可以基于实时获取的动态数据，及时对自身业务进行调整优化，提高业务运作效率和效果，从而使每个业务领域都能产生可观收益。

◆ 培养客户黏性，避免客户流失

"无物流，不电商"，物流服务在竞争激烈的网络消费市场中具有越来越重要的地位，物流体验的好坏在一定程度上直接影响着消费者的整体购物体验。客户在线上购买产品后，自然希望企业能够提供优质的物流服务，不仅可以更快地拿到商品，还能随时了解商品的物流配送信息，获得最佳的物流服务体验。

显然，这需要物流企业应用大数据技术对海量数据进行处理分析，基于大数据分析成果将商品物流配送信息及时呈现在客户面前，从而与客户建立起有效连接和信任关系，培养客户黏性和忠诚度，避免客户流失。

◆ 数据"加工"从而实现数据"增值"

物流业务运作的每个环节都会产生海量数据，不过只有很小一部分结构化数据能够直接分析和利用，更多的非结构化数据则需要转化为结构化数据后才具有存储分析的价值，这常常导致部分数据可能出现延迟、偏差、无效甚至错误。对此，物流企业应积极利用大数据技术对业务运作中产生的海量数据进行"加工"，筛选出有价值的信息，实现数据"增值"。

大数据引领物流企业CRM变革

现如今，大数据已经成为现代物流企业发展的一部分，能够有效促进传统物流的改革与创新，提高企业的生产力。在大数据时代下，企业能够在原有基础上拓宽自身的发展道路，同时也面临更多的挑战。对物流企业而言，其正常运营及发展离不开客户的支持。长期以来，很多物流企业都在研究客户关系管理，在新的时代背景下，企业需要发挥"大数据"的价值，强化对客户关系的管理，逐步提升自身的竞争能力。

◆大数据时代物流企业CRM所面临的挑战

客户关系管理（Custom Relationship Management，CRM）是指企业在管理过程中，围绕客户群体开展运营，根据他们的需求提供相应的服务，并通过这种方式获取利润。如今，越来越多的企业认识到了客户需求的价值，不仅如此，政府相关部门也开始注重与民众之间的关系维护。由此可见，随着时代的发展，"客户"的范围正逐步拓宽，除了购买产品的消费者之外，政府部门或社会机构服务的对象也可以被归纳到这个范围内。

伴随着"客户"范围的拓宽，企业需要面临各种各样的客户需求。现如今，企业已经身处海量信息的包围之中，数据在企业发展过程中占据着越来越重要的地位。如果企业或政府部门本身的数据处理能力有限，则无法及时、有效地进行客户分析，也难以优化客户关系管理。在这方面，企业存在的问题主要体现在以下几个方面。

（1）CRM认知跟不上客户需求的变化。

目前，不少物流企业及政府部门仍然采用传统的客户管理模式，但在信息高速发展的今天，客户的需求已经发生了变化，导致企业的管理无法满足客户的需求，久而久之会影响客户的体验。从物流企业发展的角度来分析，在市场竞争愈加激烈的今天，企业更应该对客户需求进行准确定位，据此完善自身的服务。如若不然，企业的运营就无法吸引新客户，老客户也会逐渐流失，企业的生存将难以为继。

（2）因缺乏数据，难以避免客户流失。

很多企业在长期发展过程中都会出现客户流失的情况，身为企业经营者，要采取有效的应对方案。传统模式下，运营人员在处理这个问题时，除了参考企业内部数据资源、客户信息之外别无他法。然而，客户的需求会随着其观念的改变而发生变化。客户的行为能够体现他们的需求，而其行为数据通常来源于商务网站、社交媒体平台。但很多企业的数据获取能力不足，且无法对数据中潜藏的价值信息进行有效提取。在这种情况下，企业只能根据已有数据来实施客户关系管理，但多数企业达不到预期效果。

（3）聚类分析能力不足，数据更新不及时。

对物流企业而言，无论是在产品销售还是市场营销环节，都要围绕客户需求实施客户关系管理。要想提高企业的营销效果，就要根据客户所属群体实施聚类分析，实现精细化运营。物流企业在发展过程中，要及时关注更新之后的数据，但传统的数据库系统无法实现数据信息的快速更新，难以满足客户不断变化的需求，导致企业的客户关系管理跟不上时代发展的需求。

（4）数据类型单一，难以挖掘潜在客户及相关需求。

很多物流企业不乏单一的客户数据，根据这些数据信息，企业可以对老客户的需求进行把握，却难以挖掘潜在客户的需求。现阶段，很多物流企业在数据方面都存在短板，难以对客户需求进行深挖，也无法分析现有客户的相关需求，在这种情况下，企业很难进行市场拓展，其利润来源渠道也十分有限。

◆大数据为物流企业CRM变革提供的新思路

在"大数据"时代,企业可利用相关技术解决以往发展过程中存在的问题。一方面,企业运用大数据技术进行深度数据处理,能够对客户现有需求及其内在需求进行把握,可参考数据分析结果,根据用户需求为其提供相应的服务;另一方面,除了单一的结构化数据之外,还能收集到半结构化、非结构化数据,具体形式如文本数据、音视频数据,等等,在此基础上挖掘潜在客户,进行市场拓展。

身处大数据时代中的物流企业必须对传统运营模式实施改革,为了更好地服务于民众,不少政府部门也对原有的客户关系管理方式进行了调整。在这个过程中,企业与政府相关部门可以利用大数据技术优化其客户关系管理方式。如果物流企业本身对大数据比较陌生,在向"数据驱动型"现代化企业转型的过程中,需要经历以下六个时期,如图15-1所示。

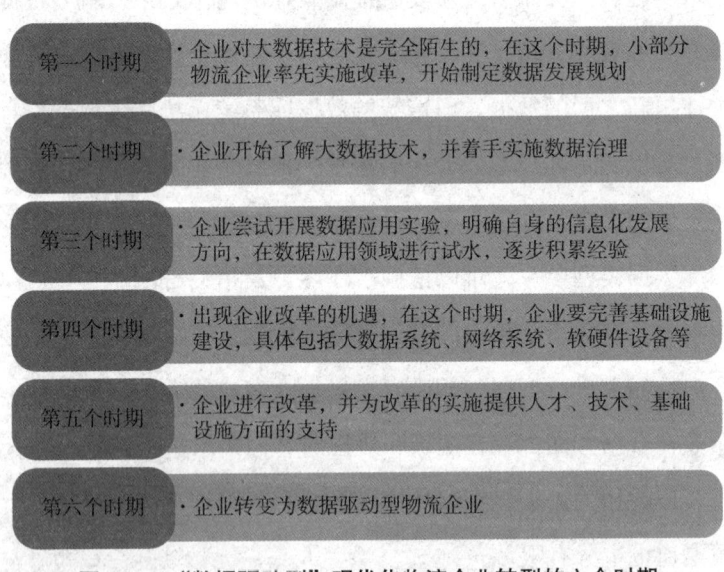

图15-1 "数据驱动型"现代化物流企业转型的六个时期

在向数据驱动型物流企业发展的过程中，企业的客户关系管理模式也会发生改变，物流企业应该借助大数据技术，围绕客户需求开展运营。而客户关系管理的变革，会促使企业在市场运营、服务提供、产品销售等环节发生变化，从整体上提高企业的运营效率，推动其发展。

概括而言，在大数据的驱动作用下，物流企业要想革新其客户关系管理模式，就要在理念、技术、运作方式等各个方面做出相应的调整。近年来，阿里巴巴积极联合物流企业建设社会化物流体系，此举能够促进物流企业与大数据之间的结合。

大数据在物流企业CRM中的应用

企业要通过引进并采用先进技术，发挥大数据在物流企业客户关系管理方面的价值，具体如进行数据挖掘与分析、数据存储、建立数据库管理系统，等等。在这个过程中，企业需注重对专业人才的培养，不断完善自身的基础设施建设。

举例来说，IBM公司为提升业绩，在近十年的时间里完成了多个收购项目，其中涉及大数据的项目达到30个。该公司独立研发的大数据工具Apache hadoop，在其所属领域备受推崇，有效提高了企业对数据信息的处理能力。IBM对大数据应用的方式也被许多企业效仿。从技术层面来分析，大数据在物流企业客户关系管理方面的应用经历了四个阶段，如图15-2所示。

第一阶段	·利用大数据技术收集丰富的数据信息,建立企业的数据库系统
第二阶段	·借助先进技术手段对大数据资源进行分析、归纳,提取数据中包含的价值
第三阶段	·利用新型数据分析方式,准确把握客户的需求及其特征,为自身的产品拓展提供精准的参考数据,科学推测市场发展趋势,优化自身服务,满足客户的个性化需求
第四阶段	·在进行客户分析的基础上,产生数据分析报告,为企业在市场管理、产品及服务提供、物流等各个环节的运营提供参考

图 15-2　大数据应用于物流企业客户关系管理的四个阶段

从技术层面出发实现大数据在物流企业中的应用,不仅能够提高物流企业发展的现代化、信息化水平,还能弥补之前物流企业在客户关系管理方面存在的短板,使物流企业的发展跟上大数据时代前进的步伐。

◆大数据背景下物流企业CRM应解决的问题

大数据在物流企业客户关系管理方面的应用不是一蹴而就的,在这个过程中,企业不仅要准备好基础设施,还要提供技术与人才支持。在大数据技术发展的初期,物流企业在技术引进及应用过程中,应该注重以下四个方面的发展。

(1)基础设施的建设。

基础设施的范围比较广,计算机硬件设备是其中的一部分,具体如存储设备、计算设备等,要想为大数据的应用提供支持,就要对企业的存储设备及计算设备进行升级,这是物流企业不能忽视的一点。

(2)专业人才的培养。

物流企业要加大对人才培养方面的投资力度,并了解当前信息技术的发展情况,与其他物流企业保持良好的沟通关系,组建自己的专业人才队伍,提高企业的数据处理能力,优化其客户关系管理。

(3)完善大数据应用相关的政策、法规。

如今,大数据技术的研究及应用尚处于探索时期,企业在收集数据信息的过程中,很难保证个人隐私的安全,为了给大数据在物流企业中的应用提供支持,并对企业的应用行为进行规范,相关部门应该制定、完善支持性政策、法规,并不断进行调整与优化。

举例来说,为支持云计算的研究及应用,工业和信息化部科技司将申请立项的《基于云计算的电子政务公共平台总体规范》等18项通信行业国家标准计划项目通过网络渠道公开,允许公众参与意见反馈。

(4)提高物流企业领导层对"大数据"的重视程度。

物流企业所处的市场环境不断变化,企业经营者要及时感知这种变化,在大数据时代下,要积极革新传统的理念,注重对新技术的引进与采用,相反,如果企业经营者固守传统思想与管理模式,就会导致物流企业的竞争力不断下降。

简言之,物流企业可利用大数据对传统客户关系管理模式实施改革。高速发展的新兴技术在开拓企业发展道路的同时,也使企业面临更多挑战。物流企业应该发挥大数据的作用,逐一克服大数据应用过程中存在的问题,将客户需求放在核心位置,据此展开企业在市场、销售、服务、客户管理等环节的运营,提高物流企业对市场环境变化的适应能力。

物流大数据面临的问题与对策建议

物流企业在运作过程中产生了海量的用户信息、商家信息和业务信息，需要积极利用大数据深挖这些数据背后的价值，以便为企业带来更大的商业价值想象空间。不过，作为前沿性的互联网信息化技术，大数据是一个"技术活"，应用过程中常常面临着数据质量、管理政策、资金投入等痛点。物流企业只有合理解决这些问题，才能真正获取大数据带来的巨大价值，实现更好更快的发展。

◆大数据的质量和时效性难以把握

大数据的来源渠道很多，不同数据源的数据结构又常常有所差异。因此，物流企业应用大数据的一大难点是如何从多个数据源中及时获取高质量的数据并实现不同结构数据的有效整合。

互联网商业时代，数据信息快速变化、有效期很短，同时单一的数据结构也无法满足物流企业的多元化数据需求。物流企业如果不具备较强的数据实时收集能力，及时获取所需数据，则很可能会导致获得的数据过期、无效，从而影响大数据的质量。对此，物流企业可以建立专门的大数据库和数据存储设备，保证收集到的数据的质量和时效性；同时根据数据结构制定合理的数据存储和使用标准，以便实现对数据信息的快速读取和利用。

◆物流企业对大数据缺乏足够的重视

高层管理者的重视和支持是物流企业实现大数据深度应用、充分发挥大数据对物流运营价值的重要保障，也有助于推动企业从整体战略高度对大数据应用和发展进行系统规划。然而，一方面当前我国的大数据产业尚未发展成熟；另一方面大数据本身的多样性和复杂性也常常造成企业获取的数据质量不高甚至无效，从而导致很多高层管理人员没有真正认识到大数据在物流业务运作中的巨大价值，对大数据应用缺乏足够重视和支持。

因此，物流企业高层管理者应加强对大数据的认知，全面深刻理解大数据对物流运营的重要价值，将大数据应用纳入企业整体发展战略规划，不断加大对大数据的投入和支持力度，积极建立大数据库或数据中心，保证数据质量，从而真正抓住大数据带来的巨大发展机遇和空间。

◆数据中心亟须专业的数据管理人员

相对于能够直接分析和利用的传统结构化数据，大数据的多样性和复杂性增加了企业进行数据处理、分析和管理的难度，需要专业的数据管理人员来保证大数据质量，深挖数据价值。从这个角度来看，当前物流企业应用大数据时面临的一大难题是，缺少兼具数据挖掘分析能力和物流运营能力的专业复合型技术人才。对此，物流企业要借助当前国内大数据产业迅猛发展的有利条件，积极引入、培养CDO（首席数据官）等新型数据管理人才，为大数据应用提供坚实的人才支撑。

◆数据开放与隐私的平衡问题

互联网信息化时代，用户的联系方式、行为习惯、需求偏好等个人信息都很容易被获取并记录到数据库中，而这些数据一旦泄露常常会使用户遭受骚扰甚至被侵犯隐私。因此，如何处理好数据开放共享与个人隐私保护的关系，也是大数据应用面临的一大难题。

对此，物流企业一方面要迎合大数据时代的发展大势，积极推动数据的全面开放、共享和应用，另一方面也要高度重视客户隐私保护，不断完善相关规章制度，同时国家相关部门也要尽快出台加强隐私保护的法律法规。

随着大数据产业的迅猛发展，大数据逐渐渗透应用到物流业务运作的各个环节。物流企业应高度重视大数据带来的商业价值和发展机遇，将大数据应用提升到企业整体发展的战略高度，加大大数据方面的投入和支持力度，积极引入、培养专业数据管理人才，从而真正获取大数据在物流运营方面的巨大价值。

第16章
云物流：推动物流行业信息化建设

大数据时代的云物流模式

随着互联网的覆盖范围越来越广及电子商务的迅猛发展，人们的购物方式发生了很大改变，产生了大量物流订单。随着快件数量越来越多，物流行业出现了一系列问题，比如快件配送速度慢、效率低、丢包率高等，严重制约了物流行业的发展。

随着大数据时代的到来，物流行业或将实现重大变革，从普通物流转向云端物流。G7吴海波就曾表示：云时代，大数据开启了云端物流的变革之门。也就是说，在云时代，业内人士已经认识并接受了大数据技术对云端物流的影响。通过构建云计算物流平台，将大数据技术引入物流行业，对货物流量及流向进行预测，能切实推动云物流革新。

随着云计算及大数据等技术的出现和发展，现如今，人们所说的云物流指的是云计算、大数据等技术在物流领域的具体应用。云物流以云计算处理技术的应用为基础，通过虚拟操控平台的广泛使用，借助系统化的物流配送流程、精细化的物流配送管理,结合高效率的物流运输方式与全覆盖的物流配送网点,迅速切入国内物流市场,并占据了较大市场份额,进而推动物流信息、物流仓储管理、物流管理实现了协调发展,为物流发展奠定了良好的资源基础,从而构建了完善的云物流数据结构,实现了资源优化整合及共享,降低了资源管理成本,提升了综合服务效率及客户满意度。

现如今,大数据成了各行各业的必争之地。近年来,不断涌现的网络平台产生了大量数据资料,包括图文、影像、档案,等等。这些越来越多的数据资料,最终形成了复杂的数据集。企业在收集、整理这些数据时,必须结合自身需求对其进行细致筛选,透过复杂的表象对其进行深度处理以形成时效数据,更好地为企业所用。

具体来看,大数据具有以下特点:数据集类别多、规模庞大、类型复杂,数据处理消耗的时间短、速度快、效率高,能从技术层面为企业决策、发展提供有效支持,能推动信息行业实现迅猛发展。

比如,大数据用于芯片可催生一体化的数据存储处理服务器;大数据用于医疗可使病理分析、临床医学研究更加准确,使疾病发病率与传染率变得更低;大数据用于社会治安领域,通过对数据进行实时监控可充分了解犯罪嫌疑人的心理,为重大案件的破获提供辅助。所以,无论是从社会政治层面来讲,还是从经济发展方面来看,大数据的开发利用都能带来巨大好处。

云物流和大数据结合能对物流运营方案进行优化,提升物流行政管理质量,开展智能预警防御,降低物流运营风险。凭借大数据及网络信息技术,云物流能对线上商品及线下订单进行整合,然后利用大数据对整合后的信息进行处理,利用云计算对其进行规划,之后再以专业的物流系统、灵活的物流配送路线、周到的物流配送服务、智能的信息跟踪服务为依托，优化物流配送服务，并为客户提供物品保管及网上信息管理服务，为用户的线上购物活动带来更大便利，使人民的物质生活得以极大丰富，从而提升人们生活的质量及满意度。

同时，云物流与大数据的结合还能有助于云物流开展增值业务且发展创收，刺激企业员工工作更加积极。另外，商家通过云物流为用户配送商品，还能构建自己的物流信用度，提升商品销量，拓展自己的业务规模，以便接下来更好地开展云服务。

云物流模式的应用优势

在互联网资源大范围共享，大数据及云物流技术不断革新的形势下，云物流充分发挥自己各方面的优势提升了物流行业的工作效率与效益，具体表现在以下三个方面。

◆大数据处理技术创新提高物流配送效率

大数据调研显示，在快件配送的过程中，每天都会出现很多需要经过多次配送才能送达的快件，降低了快件配送效率，导致包裹滞留、信息滞纳、快件配送成本增加。为解决这一问题，江苏云柜网络技术有限公司推出一款云物流橱柜，为快件签收问题提供了有效的解决方案，既为配送人员配送快件提供了方便，也为客户取件带来了便利，在很大程度上提高了快件配送效率。

◆ 通过集成管理提升物流整体效益

利用大数据对电商订单进行监控统计发现，目前，我国最大的快件收货地在北京，最大的快件发货地在杭州、义乌。根据这些数据，京东在全国各大电商供应地建立仓储配送中心，按照商品类目建设仓库，以低费保管的方式吸引了很多商家入驻。以在线接收到的订单为依据直接对货物进行打包配送，从而在很大程度上提高了货物配送效率，同时降低了人工成本。据统计，京东从接收订单到打包货物再到配送只需200多人协作。

也就是说，商品集成管理能切实降低物流成本，减少各物流配送环节产生的费用，缩短物流配送时间，提升物流配送效率及效益。

◆ 云物流有效提高了社会资源利用率

云物流吸引了众多物流公司进入，重新规划了物流数据、物流人员和物流设备的定位，在增强公司实力，提升公司人力、物力、财力，降低运营风险的同时，还以不同物流公司的特点为依据对物流资源进行了整合，增加了物流配送专线，建设了一个统一的直营管理平台。另外，云物流还对物流公司的人员配置及服务进行了优化，从多个渠道为用户提供物流配送服务；还规范了物流发件、取件程序，使公路运输率大幅提高，降低车队重复配置现象的发生概率及物流配送、物流监管、车队维护成本。

云物流将各方优势整合在一起，使物流服务效率、物流资源利用率、物流管理效率得以大幅提高，进而对公司资源进行集中整合、合理利用，以提升公司的综合实力，推动公司全面发展。

大数据为物流公司科学决策提供了有益指导。大数据越发精准的信息为云物流的发展决策提供了科学依据。比如,云物流利用监控车队得来的数据及时对配送线路进行优化调整,以规避交通堵塞的路段,切实提高物流配送效率,保证快件能准时送达。

基于大数据的云物流配送模式

◆构建综合性物流基地新模式

目前,我国在册物流公司已超过270家,每天在各城市间流转的快递包裹有260多万件,并且这些数据在不断增长。由此可见,物流行业发展潜力巨大。物流公司要打造一个综合性物流发展平台,将生产厂家、物流公司、代理商聚集在一起,构建一个凝聚众多商家的仓储平台,吸引更多物流公司进入,对优质的物流专线进行整合,与大数据处理订单相结合让快件实现智能化专线配送。

目前,我国物流行业有国内有实力的公司,比如邮政、菜鸟驿站、天天快递、圆通快递、韵达快递,等等,也有外资注资的品牌,比如顺丰、德邦、润德,等等。这些物流公司的规模有大有小,资质有高有低,所以要遵循为客户服务的宗旨,创建一个大型的综合物流配送平台,采用综合经营统一管理的方式,以商品类目为依据实行规范化管理,对订单进行统一配送,切实提高物流配送效率,保证商品能按时送到客户手中。同时,各物流公司要做好协调配合,建立健全各项服务制度,定期开展员工培训,提升员工的服务意识与能力,构建一个能进行科学管理的综合性物流配送平台。

◆打造有特色的一站式云物流配送模式

（1）从源头到客户构建一站式配送模式。

京东驿站的建立可以说是一站式配送模式的雏形，菜鸟驿站的建立让这种一站式购物链彻底成形，但也仅限于大中城市的部分商家。对我国电商发展现状进行观察可以发现，很多订单量较大的商家都分散在乡镇农村，很难实现一站式物流配送。根据这一情况，借鉴国外的一站式配送模式，我国物流行业或许可以打造一个独具特色的一站式物流配送模式。比如，由于南北气候差异，即便是同一季节，南方人与北方人也有不同的服装需求。在此情况下，公司可在当地构建一个服装直达式一站配送物流模式，仅负责此地区的服装配送。

再比如，江西省和山东省正在筹划建立省内直达物流专线，让各自区域的电商登记备案以方便物流公司上门取货，统一配送，然后发往全国各地。这种集成共享、协同调度模式为云物流的发展提供了有效支持，也带动了当地经济的发展。

（2）构建无人化智能物流配送新模式。

现如今，我国很多企业都建设了无人化操作间，比如君乐宝的无人灌装间，长城汽车的无人装配间，等等，这表示，不久的将来物流行业也可实现无人化智能配送。

在互联网的作用下，全国各地的居民紧紧联系在一起，每天有大量的快递在各地之间流转，这些快递流转消耗了巨大的人力。所以，我国物流行业非常有必要构建无人化智能配送新模式，推行无人化订单打印、机器人自动配仓、无人车或者无人飞机快件配送，利用无人配送专车解决最后一公里配送难题。比如利用无人配送专车将快递直接送到云柜，让全国各地的居民都享受线上购物的便利，真正实现无缝隙、无盲点配送，使配送难问题得以彻底解决。

我国是世界上快递量最多的国家，快递数量是美国、德国、英国等国家快递量的总和。我国物流公司虽然数量多，但规模普遍较小，综合实力普遍不高。这一现状吸引了很多国外的物流公司进入，但这些物流公司都面临着业务范围难以覆盖全部居住区，无法实现全面配送的难题，而这个问题的根源就在于很多偏远农村无法实现物流配送。

随着科学技术不断发展，大数据、云物流的出现为这一问题提供了有效的解决方案。大数据、云物流从技术层面为物流行业的改革、创新、发展提供了强有力的支持，大数据的精准信息让物流公司能实现分析预警、科学决策与快件的精准配送，云物流的计算让社会资源实现了优化整合，切实提高云物流的配送效率，从而构建了一个云物流配送新模式，使我国物流行业的综合实力得以切实提升，推动国内的物流企业参与国际竞争，促使我国的贸易实现全球化。

基于云计算的物流信息平台建设

近年来，我国的物流信息化建设取得了一定的成就，也出现了很多问题。比如物流信息平台建设成本过高，需要引进先进技术与设备，需要大力培训相关的技术人员，并对其进行合理分配，等等。其中，最主要的问题是现有的物流信息平台无法满足信息系统服务多元化的要求。这种情况在以射频识别技术为基础的物联网提出之后表现得尤其明显，导致很多中小物流企业因自身能力不足无法满足市场需求，无法实现稳定可持续发展。在此形势下，利用云计算创建物流信息平台就变得至关重要。

利用云计算技术创建物流信息平台是为了满足客户对物流信息的需求，利用生产要素满足消费者对时间、空间的要求，对生产、存储、包装、拆装、配送等环节可能产生的信息进行灵活处理，以物流信息平台为媒介，让信息以最快的速度流转到现代供应链上的企业、政府单位、普通用户等客户群体手中。物流信息平台具有成本低、可用性强、可靠性高、可实现广泛拓展的优势，已成为现代物流领域不可或缺的信息服务平台。

具体来看，云计算在物流信息平台的应用有以下几种模式，如表16-1所示。

表 16-1　云计算在物流信息平台应用的五种模式

应用模式	具体内容
利用云计算形成业务平台	借助经过处理的感知数据，使用Web浏览器为用户提供监测、咨询、管理、跟踪等多元化的服务
建立云计算数据存储中心	云计算数据存储中心可辅助用户对传感网数据进行检索、分析、处理、传递，帮用户利用感知数据进行决策，在业务平台服务理念的指导下完成资源共享、分配、处理、流通等事宜
以云计算的数据监控为基础创建平台服务	这个平台既可以集中在全国的控制中心控制，也可以分散在各省份的控制中心控制，可从各个层面对物流信息进行监控。该平台可直接向用户提供一些服务，比如数据存储服务、统一认证服务、为用户配置中间件硬件服务等
以云计算的数据集成为基础创建云联邦服务平台	该平台可实现跨云的服务集成，将私有云与公有云统一在一起，让它们实现相互操作。该服务平台以OpenAPI的形式对外提供抽象化的服务。云联邦服务平台将本地的物流系统、公共服务系统、计算机应用系统结合在一起，以统一的连接方式为用户服务，满足用户的服务需求
以云计算的数据传输为基础创建SaaS平台服务	该平台可以直接为终端提供所需服务，比如库存控制SaaS服务、货物监控SaaS服务、智能送货SaaS服务、物流索取状态发布SaaS服务、数据交换SaaS服务、财务管理服务等

第六部分 智慧物流篇

利用云计算建设物流信息平台可对物流产业全球化、自动化产生强有力的推动作用；有利于减少成本与其他不必要的开支，节省经费；有利于壮大公司规模，增强企业的经济实力。除此之外，利用云计算创建的物流信息模式还能让电商实现规范化、自动化发展，从而减少经营费用。

现如今，政府部门、企事业单位、普通用户、物流公司使用的大多是之前的信息系统，很难直接转向云计算服务模式，中间需要经历一个漫长的过程。在这个过程中，政府、物流企业、事业单位要共享平台理念与优势，引导社会公众理解、接受、使用，促使其不断发展壮大。在当前的形势下，利用云计算创建物流信息平台是亟须完成的重要任务。

第17章
大数据时代的物流企业管理创新

物流企业管理中存在的问题

近年来,飞速发展的社会经济推动了国内服务行业的发展,物流企业在服务产业中占据着重要地位,其发展能够对整个生产性服务业的发展产生重要影响。在大数据高速发展及普遍应用的今天,物流企业在管理方面仍然存在许多不足,导致企业的总体服务水平难以提高。所以,物流企业应该正视这种现状,解决企业在管理创新方面存在的问题。

目前,我国物流企业管理中存在的问题主要体现在以下几个方面。

◆ 企业定位不准确

以往,物流企业的功能集中于为客户提供货运运输服务和仓库管理服务,在新的时代背景下,企业必须拓展自身的功能。在信息技术高速发展的今天,企业所处的市场环境已经发生了变化,物流企业只有了解市场变化趋势,并实施创新策略,根据客户需求开展运营,才有可能获得长期发展。而在创新过程中,企业首先要做的就是锁定目标客户群体,采用精细化运营模式,明确自身的定位。相反,如果企业固守传统思维,难以做出调整来适应外部市场环境的变化,就可能在市场竞争中处于不利地位。

◆物流基础设施落后

基础设施落后是国内物流企业现阶段面临的问题之一。具体表现为,仓储及运输设施、物流通信相关的基础设施有待更新与升级。现如今,迅猛发展的电子商务对物流服务的需求量大大增加,而落后的基础设施导致物流企业难以提高其运行效率,无法为客户提供满意的服务。不仅如此,大数据的应用也对企业的基础设施提出了更高的要求。另外,重复建设、不同设备之间不具备兼容性等问题,也导致企业的运营维持在低水平上,这些因素都导致物流企业的运营成本居高不下,成为后续改革创新的障碍。

◆企业专业创新管理人才欠缺

在企业经营及发展的过程中,人才占据着十分重要的地位,企业的改革创新离不开优秀人才的支持,人才资源能够对企业发展产生重大影响。优秀的人才能准确把握市场变化趋势,及时制订应对方案,根据企业的发展需求进行资源配置。国内物流企业普遍存在人才短缺问题,人力资源与企业发展需求不相符,是企业在改革创新过程中需要克服的阻力。面对激烈的市场竞争,企业必须注重对专业人才的引进与培养,依靠人力资源提高自身的竞争力,并推动企业的创新。

◆ 企业信息化程度不高

在信息化高速发展的今天，大数据技术及信息技术在物流行业内的应用变得越来越普及。目前，国内物流企业的信息化建设程度较低，不少企业的运营仍然以传统的人工操作为主，导致企业运转较慢，且容易产生人为误差。还导致企业在发展过程中困难重重，难以对数据资源中潜藏的价值进行提取，也无法利用先进的信息技术开辟发展道路。企业信息资源的利用率低下、无法实现专业的信息管理、信息管理系统存在结构性问题，等等，都反映出物流企业的信息化程度较低。

◆ 企业文化落后

企业要想取得长足发展，就要注重文化建设与文化管理。在发展过程中，企业要明确自己的发展方向，建立自己的价值标准，承担一定的使命。但总体而言，国内物流企业对文化建设、文化管理的重视程度不够，很多企业只看重利益要素，没有站在宏观角度考虑问题，企业文化缺失。事实上，企业文化是企业发展过程中不可缺少的一部分，文化的缺失会导致企业发展的动力不足。国内物流企业只有注重文化建设及文化管理，才能顺利实施改革创新，进而提高企业的竞争实力。因此，国内物流企业要改变当前企业文化建设不足的局面。

大数据驱动物流企业管理创新

时代的进步与发展，要求物流企业进行创新。在意识到市场环境变化的基础上，国内物流企业应该提高自身的适应能力，根据客户的个性化需求，在大数据应用的基础上为其提供相应的产品与服务，主动对接客户需求。大数据时代给企业的改革创新创造了良好的环境，国内物流企业应该根据企业的发展需求合理分配资源，为企业创新打下基础。在这方面，物流企业应该明确，除了基础设施、人力资源之外，数据资源也是企业的核心资产，这类资源蕴藏着巨大的商业价值，能够给企业的发展带来更多机遇。在实施创新的过程中，物流企业能够实现内部资源的优化配置。具体来看，在大数据应用背景下，物流企业的管理创新要做好以下四点，如图17-1所示。

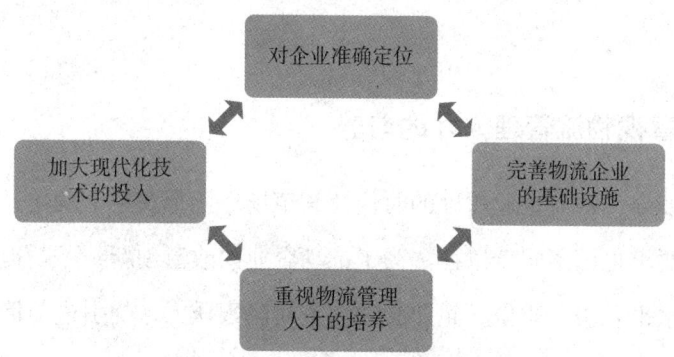

图17-1　物流企业管理创新的四大内容

◆对企业准确定位

利用大数据，物流企业能够与更多的目标客户接触并展开互动。很多情况下，客户的需求并不明显，而且其需求并非一成不变。在大数据应用的基础上，企业能够对客户的实际需求进行准确把握，这是因为借助大数据，企业能够对非结构化、动态数据进行快速获取与分析，根据数据处理结果锁定目标客户的实际需求。

◆ 完善物流企业的基础设施

在互联网及移动互联网时代下，电商行业蓬勃发展，为了适应其发展需求，物流企业要完善基础设施建设。为了提高企业的运营效率，凸显企业的竞争优势，必须加强物流基础设施建设，将不同设施的功能结合起来，扩大其服务范围，提高企业运营的系统化程度。在这个过程中，企业要避免重复建设，提高资源利用率，促进资源的优化配置。通过完善物流基础设施建设，加快企业的整体运转，减少在运输、送货环节中消耗的时间成本，提高企业的整体服务水平，增强企业的竞争实力。

◆ 重视物流管理人才的培养

现如今，物流企业所处的时代及其市场环境都发生了变化，企业对人才的要求也已不同于以往。为了推动企业的改革创新，不断提高企业的服务水平及服务质量，企业必须注重对高素质人才的引进与培养。为此，物流企业应该树立正确的价值观念，加大对人才培养的投资力度，并为其提供资源支持，组织员工接受专业的培训，不断提高物流人才的综合素质。

◆ 加大现代化技术的投入

为了跟上新时代的发展步伐，物流企业应该对其传统的管理形式实施改革。在这方面，企业可通过创新向智能化方向发展。为此，企业要注重发展现代化技术，充分开发数据资源的价值，进而增强企业的竞争优势。

具体而言,企业在向智能化发展的过程中,要做好资金方面的准备,积极从国外引进先进技术,代替企业传统的人工操作,提高各个环节运营的自动化水平,及时收集反馈信息并进行高效处理,提高企业的综合管理水平。除了货物运输环节,物流企业还要将智能化技术应用到员工管理、货品存储、企业改革创新等过程中。在发展先进信息技术的基础上,实现对企业运营过程中各类数据信息的价值挖掘与应用。面对市场环境的变化,企业要大力发展信息技术、自动化技术,推动其创新的实施。另外,企业通过发展现代化技术,能够优化其现有的管理方式,加速企业的整体运转,减少企业管理创新过程中的阻力。

总体而言,在新的时代背景下,物流企业面临着来自大数据的挑战,逐步意识到传统管理模式的落后,并开始转变传统思维模式,着手改革现有的管理模式。在这个过程中,物流企业应该根据时代的发展需求,在大数据应用的基础上,解决企业在管理过程中存在的问题,提高自身的管理能力,通过创新突出企业的竞争优势,从而获得持续性的发展。

大数据重塑物流企业竞争力

对物流企业来说,应准确把握时代发展变化和特点,积极应用大数据重塑竞争理念,提高自身竞争力,进而提升整个物流产业对市场环境变化和客户需求的快速反应能力,实现更好更快的发展。

◆大数据重塑物流企业的资源要素

大数据在物流领域的不断深化应用对物流企业的资源要素造成了一定影响,主要表现在三个方面,如表17-1所示。

表17-1 大数据对物流企业资源要素的重塑

重塑的资源要素	具体内容
深度盘活物流企业的人力资本	物流企业可以利用大数据技术实现更为高效、有效、便捷的人才测评和甄选,真正做到企业内部"人尽其才",深挖人力资本的更大价值
直接增加物流企业的结构资本	应用大数据,物流企业可以实时准确把握企业内外部的变化情况,及时协调各方资源更好地应对市场变化、满足客户需求,构建并不断优化完善资源协调机制,增强企业的环境适应性,提升对内外部变化的应对处理能力
帮助企业获取更多关系资本	大数据应用的不断深化,将变革重塑物流企业以往的管理模式,并推动人性化的企业文化建设,构建人性化的运营管理模式,从而充分发挥每一位员工的主动性、能动性和创造性,为企业赢得更多关系资本

◆大数据重塑物流企业的能力要素

大数据应用对物流企业能力要素的影响主要表现在六个方面,如表17-2所示。

表17-2 大数据应用对物流企业能力要素的六大影响

影响	具体表现
提升物流企业的战略管理和战略决策能力	大数据应用是从海量信息中筛选、提取、分析和处理有价值的数据,具有更强的科学性、合理性和准确性,有利于避免企业管理人员因主观偏见、思维定式、固有经验等出现判断偏差甚至失误,帮助物流企业准确把握行业发展趋势和特点,提升战略管理与决策能力,从而及时有效抓住转瞬即逝的战略性投资机会,提高物流企业的经济效益
提升物流企业的运作管理能力	应用大数据,物流企业可以实现知识、信息、资源等的内部共享,提高企业资源配置的合理性和利用效率,提升物流企业的运作管理能力,使业务运营更具主动性、前瞻性和针对性
提升物流企业的市场营销能力	通过大数据分析和大数据解读,物流企业能够实现对顾客的精准画像,及时全面把握顾客的需求、偏好、消费体验等各种信息,从而据此开展精准营销,以更低的成本获得更大的营销效果,提升企业的市场营销能力

续表

影响	具体表现
提升物流企业的品牌管理能力	应用大数据，物流企业可以实现对品牌声誉的实时监测，及时发现影响品牌声誉的负面消息并进行快速有效的处理应对，从而提升自身的品牌管理能力
提升物流企业顾客管理和客户关系维护能力	在以顾客为中心的体验经济时代，提升顾客管理和客户关系维护能力，持续优化物流服务体验，是物流企业实现良好可持续发展的关键一环，大数据为其提供了有效的问题解决方案。通过大数据应用，物流企业可以及时全面了解顾客信息和需求变化，对客户精准画像，及时发现并解决问题，实现与顾客的持续有效沟通，从而与顾客建立起情感连接和信任关系，获得顾客的认可与忠诚
提升物流企业的创新发展能力	应用大数据，物流企业可以将搜索者、创意者和解决者有机联系起来，不断获取新的合作伙伴，从而整合远超自身体量的更多创新创意资源，有效提升自身的创新发展能力

物流企业提升竞争力的策略路径

物流企业可以从以下几点切入，应用大数据提升自身竞争力。

◆降低物流成本，提高配送效率

作为新一代互联网信息化技术，大数据在降低企业物流成本、提高配送效率方面具有重要作用，主要体现在三个方面，如表17-3所示。

表17-3 大数据在降本提效方面的三大作用

序号	三大作用
1	大数据应用有助于提高物流企业的运作管理能力和水平，提高企业市场营销活动的科学性、有效性
2	大数据应用有助于优化物流企业的市场策略，构建科学化、规范化、柔性化的运送机制和管理机制，从而提高配送效率、降低物流成本，为物流企业创造更多效益

续表

序号	三大作用
3	大数据应用还能帮助物流企业实现更加灵活有效的员工管理，快速制订出合理有效的配送方案，从而节约运送时间和成本，提高配送效率，为顾客提供更优质的物流配送服务体验

◆ **转向价值竞争**

大数据应用的不断深化推动着物流企业间的竞争逐渐从价格比拼转向价值竞争。简单来看，大数据时代下，物流企业间的竞争越发激烈，单纯依靠价格已无法有效保证企业的长久稳定发展。因此，物流企业必须转变竞争思维，从价格竞争上升到价值竞争，不断提高运营管理效率，拓展更多收益渠道，获取更大利益，从而实现自身的稳定长远发展。

◆ **注重客户关系管理**

在以客户为中心的体验经济时代，物流企业只有注重客户关系管理，持续优化客户的物流服务体验，才可能实现自身的稳定长远发展。大数据应用则能有效提高物流企业的客户关系管理能力和水平。利用大数据技术，物流企业可以及时全面获取客户需求、偏好、消费体验等各方面信息，对客户精准画像，从而提供更有针对性的客户服务。

同时，大数据应用也有助于物流企业倾听客户声音，及时获取客户反馈信息和建议，从而及时发现自身问题并采取有效的应对措施，不断优化客户体验，赢得客户的认可与信任。

大数据时代，物流产业应积极利用大数据推动自身的信息化、自动化、智能化转型升级，构建高效高质的现代智慧物流网络系统。

对物流企业来说，首先要对当前国内物流行业整体发展状况以及大数据的概念、特点等有着全面准确的认知，并高度重视大数据应用对物流企业竞争力机制的改变，以及对物流企业资源要素和能力要素的影响，进而从降本提效（降低物流成本，提高配送效率）、转换竞争思路（从价格竞争转向价值竞争）、增强客户关系管理能力等方面切入，提升自身竞争力，获取更大效益。

第七部分

智慧零售篇

第18章
新零售：一切以用户价值为导向

我国零售市场的变革与重构

近年来，全球经济下行且状态失稳，全球零售市场的增长速度逐渐放缓，但在中国、印度等新兴经济体的带动下，全球零售市场保持了稳定增长。

当前，国内经济发展已经进入新常态时期，传统实体零售业则面临速度提升慢、成本消耗大、市场占比难以扩大的问题。而在"互联网+"行动深入开展的大背景下，国内的网络零售呈现蓬勃发展之势。为了适应新时代的发展需求，传统实体零售应该积极寻求与互联网的结合发展，改革传统思维，实现转型升级。

网络消费对中国零售市场的高速增长发挥着极其重要的推动作用。过去10年间，我国电商以超乎想象的速度迅猛发展，迅速赶超美国、日本等发达国家。

当前，我国电商配套服务体系，比如物流配送体系、结算支付体系等逐渐完善，商品购买打破了地理、价格、时间、品牌等方面的局限。电商的出现丰富了消费者的选择，拓展了购物渠道，使消费者集中度较低、较为分散的消费需求得到了极大的满足。

◆传统零售运营成本持续上升

国内零售行业在长期发展过程中采用的是粗放型扩张战略，通过不断开设门店增加收入、获取利润，但这种方式要求商家承担较高的固定成本与边际成本。近年来，国内城镇化建设不断加快，人力资源成本大幅上涨，物业成本不断增加，传统实体零售面临的成本压力持续加大。

在经营与发展的过程中，零售企业要负担一部分固定费用，在其总运营成本中，这部分费用占比最大。相比之下，与互联网结合发展的方式则能够跨越许多中间环节，帮助企业实现成本控制，向市场推出更加质优价廉的商品，为企业开展精细化运营、大数据管理打下坚实的基础。从这个角度来说，传统实体零售与互联网结合发展，是解决传统零售所面临的问题的有效方案，也是传统零售互联网转型的必经之路。

◆主导消费人群发生巨变

现如今，在我国零售市场上，收入较高的"新世代"消费者取代收入偏低的"上一代"消费者成为主流消费群体。

同时，我国的人口结构越发成熟，为零售行业的发展提供了全新的支持。一般情况下，我们将20世纪50年代至70年代的消费者称为"上一代"，将20世纪八九十年代和21世纪的消费者称为"新世代"。"上一代"消费者经历过经济动荡时期，养成了高存储、低消费的习惯，所以即便后期积累了一定的财富，消费支出也没有明显增长。

"新世代"的消费者则不同，相较于"上一代"的高存储、低消费，他们更倾向于低存储、高消费。有研究显示：相较于"上一代"，"新世代"消费者的消费意愿要高40%。而且，因为"新世代"消费者受到的教育程度较高，品牌意识更强，对本土品牌的接受度更高。所以在消费过程中更看重品牌的性价比。"新世代"消费者不会过度追求国外品牌，尤其是在购买服装、数码产品、化妆品等产品的过程中，"新世代"消费者不仅注重品牌，更追求新产品、新服务。

与之前相比，国内消费主体的消费观念与消费行为呈现出了新特点。一方面，消费主体发生了变化。"新世代"成为消费主力，他们的自主能力更强，更适应网络环境。另一方面，消费者的消费观念发生了变化，更注重自身的个性化需求与情感需求，希望能够获得优质的消费体验，对购物的便捷性也提出了更高的要求。此外，多数用户已经养成了网络购物的习惯，能够在移动网络平台选购商品，进行多频次、碎片化购物。

为了适应这些变化，传统实体零售业应该主动拥抱互联网，利用大数据、云计算等互联网技术对商品、价格、用户等相关信息进行全方位了解与把握，从而提高营销的针对性；还应推行全渠道战略，充分发挥网络平台的优势，打破传统模式下的时空限制，更好地满足消费者多元化、个性化的需求。

◆ **消费升级为新零售增强牵引力**

随着社会经济的发展，人们的消费能力逐渐提升，越来越多的人开始关注自身的个性化需求。在整个消费过程中，消费者逐渐占据了主导地位，消费体验成为影响人们决策的重要因素，有效推动了零售升级。

现阶段，国内消费主体的年龄集中在18~35岁，具备较强的消费能力，重视商品质量与品牌，追求高质量的生活。在此情况下，传统模式下的排浪式消费不复存在，不同消费者的消费档次各不相同，市场消费需求呈现出多样化、个性化特征。在价格因素之外，商品的个性特征成为消费者关注的重点，他们希望在满足自身基本需求的同时，彰显自己的个性。

个性化消费需求具有以下特征：讲究趣味性、个性化，追求心理层面的满足；看重商品或服务的内在价值，包括商品的安全性、时尚性等；注重文化内涵，包括商品的文化特质、观赏价值等。

消费需求的多样化集中体现在以下两点：首先，不同消费者的消费需求不同；其次，同一个消费者所处的场景不同，其消费需求也会发生变化，且情感因素会对消费者决策产生很大影响。除了多样性、差异性之外，消费者需求还具有关联性、易变性、广泛性的特征。

新零售：开启消费者主权时代

在新零售成为一种主流趋势背景下，如何正确解读新零售，在企业发展过程中演绎好自己的新零售故事，成为创业者和各行业企业面临的时代课题。不过，想要全面解析新零售，我们还需要回归到零售本身。何谓零售？零售是一座由消费者和零售商搭建的桥梁，为零售商向消费者传递美好生活愿景提供了有效载体。零售价值的实现以消费者生活为基础，有消费需求的地方，就会有零售。

◆中国零售业的进化路径与未来格局

（1）适者生存是零售进化史主旋律。

科技发展、社会进步推动着零售业不断革新，具体来看，我国零售行业的发展经历了四个阶段，如图18-1所示。

零售1.0时代	由卖方主导，卖什么商品、商品如何定价等由商家决定
零售2.0时代	消费者开始掌握一定话语权，通过连锁扩张占领更多的销售渠道是零售企业发展壮大的重要手段
零售3.0时代	电商迎来快速发展期，网络零售打破了时间与空间限制，而且产品品类得到极大扩张，实体零售遭受强烈冲击
零售4.0时代	数字化改造、全渠道无缝购买、线上线下一体化运营、个性与品质消费崛起是这一时代的重要特征

图18-1　我国零售行业发展经历的四个阶段

（2）实现客户价值是新零售的本质。

从零售1.0到零售4.0，虽然零售的形态、模式、技术等发生了重大转变，但提供令消费者满意的产品和服务这一基本逻辑并没有变化。只有实现客户价值，企业才能在激烈竞争的新零售赛道中得以生存。

（3）迈向未来，零售变化是新常态。

未来，随着零售业不断发展，必然会出现一系列的技术创新、消费升级、业态革新、场景革命。广大零售企业对此要摆正心态，认识到转型的必然性、必要性、紧迫性。

◆新零售开启消费者主权时代

（1）移动互联催生个性化消费繁荣。

目前，消费者需求越发个性化，不再满足于基本需求，开始追求"愿望满足",对商品越来越挑剔,也越来越务实。凡是带有"原创""特别""独一无二"字眼的商品总能吸引他们的注意力,受到他们的追捧。如果零售商、品牌商无法满足消费者对"独一无二"的追求,就无法与消费者建立长期稳定的关系,非常容易失去消费者。

在此阶段,品牌商与零售商无须再赋予消费者生产权、定价权等权利,而是通过微信互动、召开VIP交流会、进行市场调查等将消费者的意见集中在一起,让消费者对商品进行评估、定价。为了适应这种变化,零售商、品牌商必须改变,鼓励消费者将自己个性化的消费需求表达出来,并设法满足消费者的这种需求。

消费者与品牌之间可开展无障碍交流,他们之间的关系变得更加透明,将他们联系在一起的不只是产品,还包括互动。人与人之间的交流逐渐变成人与互联网之间的交流,消费越发个性化。在这个技术变革、消费升级的时代,零售企业要想获取更多顾客,就必须做好与顾客的沟通、对话。

(2)重构零售商与消费者之间的关系。

在消费者视角上,"80后""90后"乃至"00后"是零售企业必须高度重视的主流消费群体,和父辈相比,他们对方便快捷、品质生活、彰显个性等有更高的要求,比如追逐时尚潮流、重视产品服务、便捷购买等。

根据国家统计局发布的《中华人民共和国2021年国民经济和社会发展统计公报》显示,2021年全年社会消费品零售总额440823亿元,比上年增长12.5%。可以说,零售业的发展前景是极为广阔的。而消费升级背景下的零售产品经营,需要以价值观选品,用艺术、情感、社交关系、人文关怀等符号价值打动消费者。

(3)构建以消费者为核心的零售体系。

以用户为中心的全渠道零售体系具有以下三大优势,如表18-1所示。

表18-1 以用户为中心的全渠道零售体系的三大优势

优势	具体表现
基于消费需求进行运营管理	大数据、人工智能等新技术的应用,使零售企业具备了深入洞察消费者需求的能力。在经营实践中,零售企业可以根据目标用户画像,制订采购、营销计划、物流计划等,实现资源的高效配置,有效提高企业的市场竞争力
拓展零售价值链	新零售将借助数字化技术简化业务流程,打通产业链各环节壁垒,实现供应链上下游企业的协同管理,最终重构零售价值链
促进零售业转型升级	依托物联网、移动互联网等技术,零售业将与餐饮、文旅、交通等产业深度融合,驱动零售业态创新,形成"零售+产业生态链"模式,推动零售业不断走向成熟

业态创新:新零售的主要特征

◆零售主体的新角色

零售商作为"组织者"和"服务者"出现在新零售交易活动中。

在传统零售模式下,零售商作为商品交换中介,主要负责为消费者提供商品转卖服务,即从上游品牌商或经销商处采购商品,将其转卖给对此商品存在需求的消费者,这两个环节的中间差价为主要利润来源。

虽然有部分零售商应用了网络技术,通过互联网进行商品采购,但其零售本质并未发生变化。在这个过程中,零售商作为产业链中的商业中介,扮演着商品经销者的角色。

随着零售业的发展，零售商不再集中扮演经销者的角色，经营能力逐渐下降，开始致力于在消费者与品牌商之间搭建桥梁，促成两者之间的交易。采用联营模式的百货店与购物中心是这方面的代表。在交易过程中，零售商为供应商与消费者之间的连接提供平台支持，并通过提供服务获取收益。

随着新零售时代的到来，零售商在交易过程中承担的职能发生了改变。以天猫为代表的新零售平台在作为中间商的同时，更以组织者与服务者的姿态出现在商品交易的过程中，在产业链中发挥着更加重要的作用。

在下游消费环节，新零售平台深入消费者的日常生活中，对消费者的内在需求进行挖掘，推出符合其需求的商品和相应的服务，扮演着组织者与采购者的角色。在上游供应环节，新零售平台通过终端设备获取丰富的数据资源，通过数据分析获取消费者需求，并将其发送给供应商，以便供应商优化产品生产与市场运作。在这个过程中，新零售平台扮演着服务者的角色。

由此可见，在新零售模式下，零售主体除了促成商品交易外，还作为交易活动的组织者对消费者数据资源进行开发，通过数据分析与深度处理优化产业活动。"组织者"与"服务者"是零售主体在新零售模式下承担的新职能。具体来看，新零售表现出四大特征。

◆零售产出的新内容

随着零售行业转型升级，零售商的内容产出发生了变化，更加注重与消费者建立长期的互动关系，重视挖掘数据资源的价值，注重场景打造。在新零售环境下，零售商在为消费者提供商品的同时，还为消费者提供优质的配套服务，在内容产出方面实现商品与服务的结合。

在传统零售模式下，在商家与消费者交易过程中占据主导地位的是"商品"，零售商围绕商品开展经营活动，通过中间差价获取收益。进入新零售时代之后，零售商提供的内容更加多样。

（1）过去，零售商只负责销售商品；目前，零售商将分销服务纳入了内容体系。过去，在零售活动中，零售商与消费者之间的关系仅限于"商品—货币"关系；目前，零售商致力于满足消费者的体验需求，希望与消费者建立长期的"零售商—消费者"关系。

（2）在"分销服务"内容提供方面，全渠道运营模式进一步丰富了内容形式。以天猫新零售平台为例，依托数字化技术，平台在品类服务、交易服务、环境服务等方面打造了一个线上线下无缝对接的消费场景，为消费者提供更多便利，进一步提升其购物体验。

（3）零售商将服务范围拓展到上游，将消费者需求及其他相关信息传递给供应商。在传统零售模式下，零售商仅为消费者提供内容服务，新零售则将服务范围拓展到了交易活动涉及的所有主体上。零售平台利用大数据分析技术获取消费者的数据资源，分析消费者在不同场景下的需求并描绘消费者画像，然后将数据分析结果传递给供应商，为供应商的产品生产及市场营销提供精准的数据参考，使运营活动更符合市场需求。

◆ **零售组织的新形态**

在新零售环境下，零售形态更加多样，能够满足消费者的不同需求。从根本上来说，零售企业的经营形态是零售业态的集中体现。在发展过程中逐渐拓宽经营的商品、服务等范围，能够推动零售业态不断创新、升级。

随着零售行业持续发展，零售业态包含的所有元素都将完成数字化升级，从而促进零售业改革。借助数据分析技术，零售商能够准确把握消费者需求，进一步优化零售业态的要素组成，重构零售商的经营形态。新零售参考消费者需求信息对经营要素进行改革，逐渐建立起更加成熟、完善的新型零售经营形态，使该体系的内容更加丰富、形式更加多样，与消费者之间的连接也更加方便。

以盒马鲜生为例，盒马鲜生的经营并非围绕商品本身展开，而是将消费者需求放在了核心位置，依据消费者的具体需求对零售经营涉及的要素进行优化，为零售商革新经营形态提供了更多机遇和发展空间，将新零售与传统零售的业态区分开来，通过满足消费者的多元化需求，促进新零售持续发展。

◆ 零售活动的新关系

在新零售环境下，零售活动的参与主体之间建立起供需一体化的新型社群关系。

在传统零售模式下，零售活动各个参与者围绕商品建立了简单的交易关系，对这种关系进行深入分析可以发现，这些参与者之间存在一定的利益冲突。其中，零售商与供应商之间是利益对立关系，零售商与消费者之间为单纯的交易关系。在整个供应链系统中，销售端要根据生产端的运行情况来开展自身的经营活动。

新零售改变了零售商与供应商之间的传统关系，零售商服务于供应商，两者之间的合作关系得以进一步强化；零售商深入消费端，企业与消费者之间开展深度互动与沟通，更好地服务于消费者需求，并将其需求信息反馈到供应链上游,更多地站在消费者的角度考虑问题,两者之间逐渐建立起新型的社群关系,消费者需求成为供应链各环节运营的核心。

所以,新零售改变了传统的商业关系,用人与人之间的深度连接代替了传统的"商品—货币"关系,实现了供需一体化运营,有效促进了商品交易活动中各参与主体之间的合作。

◆ 零售经营的新理念

新零售调整了各商业主体的价值地位,使零售经营聚焦于价值生产并服务于消费者。

市场供求关系能够对零售经营理念产生很大的影响。在供给短缺时,商品流通渠道掌握在生产商手里,从上游获得供货资源对零售商来说至关重要。批量化生产方式诞生后,商业销售规模显著扩大,改变了早期的供求关系,渠道开始发挥主导作用。对零售商而言,最重要的是进行规模化竞争,在经营理念上则更加重视资本的价值,旨在扩大总体的经济规模。在这两个时期,经济与效率因素在零售经营理念中占据主导地位。

随着市场供求关系不断演变,消费者在市场中占据了主导地位,零售商开始围绕消费者需求组织、开展生产活动与商业活动。在消费者主权的驱动下产生的新模式、新理念即为新零售。

新零售以消费者需求为核心,零售商通过引进新零售技术、改变零售要素,深入全面地获取消费者的相关信息,在此基础上把握消费者需求并推出相应的产品和服务,实现价值创造并服务于消费者。新零售改变了商业主体原有的价值地位,从消费者需求出发开展商业活动,使

"以人为本"成为新零售经营理念的重要组成部分。

未来图景：新零售的发展趋势

当前，消费升级和新技术革命正在重构传统零售格局，社区便利店、无人零售店、数字化体验店等新兴业态展现出了强大的生命力。以何种姿态迎接新零售时代，成为零售企业不得不思考的时代课题，这种背景下，把握新零售时代的发展趋势，在变革与颠覆来临之际，率先布局抢占先机，显得尤为关键。

虽然宏观市场环境在不断变化，但这场围绕消费者数据应用的变革始终在推进。从目前的情况看，我国零售市场依然处于高度分散状态，似乎并未受到新零售浪潮的影响，但零售企业及其上游生态数字化重构的序幕已经拉开。未来五年，零售行业的数字化革命将越发深刻，而且这场革命将逐渐从前端的营销领域走向后端的研发、供应链等领域。具体来看，五年后，零售市场将呈现出以下五大发展趋势。

◆趋势1：实现全渠道行为可视化

现阶段，互联网平台掌握、使用的多是线上的消费者行为数据，这些数据主要来源于电商网站、信息平台、娱乐应用等。随着移动支付逐渐普及，从理论上来讲，消费者的线下行为数据也可以被追踪，而且可以和线上数据连通。另外，智慧门店中安装的智能零售硬件还可以收集交易以外的数据，比如消费者在店内的动线、在货架前的停留时间等。

这就表示，消费者在各个渠道的行为都可以被追踪、分析，以这些数据为基础,数字化零售生态将得以构建。当然,目前这种将各个渠道的消费者数据打通的设想还面临着很多问题,比如消费者隐私保护问题、数据安全问题、法规不确定性问题等。但即便消费者数据只能局部打通,也会推动整个零售生态发生革命性变革。

◆趋势2:打造"三公里生活圈"

在中国零售市场中,食品饮料是体量最大的一个品类,但该品类的电商渗透率只有5%~10%。相较于服装、家电、3C产品来说,食品饮料的电商化率要低很多。所以,现阶段,电商企业开始集中全力发力食品饮料这一品类。但这一品类商品的客单价低、毛利率低、物流成本高,如果采用传统的电商模式,单件毛利难以覆盖物流成本。

之所以将盒马鲜生称为新零售的典范,就是因为盒马鲜生创造了"线上下单,就近门店配送"的经营模式,为食品饮料的物流配送问题提出了有效的解决方案,并打造了一个"三公里生活圈",为消费者提供便捷的购物体验。

之后,很多零售商都沿用了"三公里生活圈"这一思路,包括接入大润发的"淘鲜达""京东到家"等。在此模式下,食品饮料企业的电商渠道与线下门店的供应商系统整合在一起,对企业的组织架构设计产生重大影响。

◆趋势3:"社交+体验"的购物空间和平台

如今的消费者越来越注重消费过程中获得的购物体验,并希望这个过程能够满足自己的社交需求。人们消费需求越发个性化、差异化,对购物体验越发重视,这就倒逼零售企业必须注重为用户打造极致的个性化体验,将顾客转变为忠实粉丝,通过社群化运营充分发掘用户全生命周期价值。

试想一下，未来我们身处一个智能商店中，商店中陈列的商品都是根据我们的兴趣爱好准备的，休息区为我们准备了喜欢的饮料、食物、音乐等，这种极致的个性化体验会让我们沉浸其中，购买积极性将得到显著提升。

传统模式下商家采用的打折促销方式对消费者的吸引力已明显下降。相比之下，消费者更倾向于通过网络平台与好友进行互动，并通过这种方式获知自己所需的商品和服务。所以，身处新零售时代背景下的企业要改革传统的经营模式，不能只等着顾客上门，而是应该积极与用户进行互动，在运营过程中发挥微博、微信、QQ等社交媒体平台的作用，将目标用户聚集到一起。利用社会化媒体，企业能够根据消费者需求推出多样化的增值服务，满足他们的娱乐与社交需求，对于实体渠道的经营，企业则应注重发展与产品相关的服务。

◆ 趋势4：小而美品牌崛起

过去，小而美品牌因为没有经销商网络的支持迟迟得不到发展。未来，这些品牌可通过平台触及更多消费者与零售门店，快速崛起。同时，那些曾依靠庞大的经销商网络建立起来的大品牌将逐渐失去由丰富的渠道资源构筑的竞争力，产品和品牌将成为竞争焦点。在智能商品系统的支持下，阿里巴巴、京东、腾讯等互联网企业的数据力量将实现全渠道拓展。对于品牌商来说，如何利用这一系统保护自己数据的独立性是关键。

在消费者行为数据库的支持下，零售商可对消费者人群进行细分，获取其购物偏好，根据消费者需求进行反向定制。更重要的是，互联网平台可将产品与消费者连接在一起,将产品匹配到距离消费者最近的零售终端,整个过程非常智能化。在此模式下,即便渠道有限,小而美品牌也能精准、高效地触及目标消费群体。

◆趋势5:数字化供应链

阿里巴巴、京东等互联网企业在实体零售领域扩张的一个方向就是通过B2B平台落地数字化供应链。未来,互联网平台会与数字化的零售终端、经销商对接,进销存信息与物流信息将实时在线,切实提高实体零售渠道的效率。除此之外,互联网平台还能衍生出很多增值服务,比如供应链金融等。在供应链数字化的过程中,快消品经销商将经历一场大洗牌,实现优胜劣汰。

2019年,新零售革命进入第三年。对于品牌商来说,新零售变革不只是渠道变革,还是消费品行业竞争力模型的变革,在这场变革中,产品和品牌将成为竞争焦点。届时,"以消费者为中心"不再只是一句口号,将通过各业务领域的精细化运作体现出来。

第19章
全渠道零售：线上线下深度融合

全渠道O2O：实体店的未来

互联网时代，电商的大规模崛起对传统实体零售造成巨大冲击，众多实体门店陷入生存困境。移动互联网的发展成熟则为实体店突破困境、实现自身的转型升级提供了契机和支持——O2O（Online To Offline）既是对以往电商模式的变革创新，也为线下实体零售提供了发展转型方向。

不过，很多实体零售企业片面地将O2O模式理解为引流工具，只是简单地将线上流量导入实体店，而没有打通与融合线上线下环节。结果是不同渠道依然独立运作、处于割裂状态，没有协同配合，自然也无法真正构建出O2O零售生态系统。

互联网整体商业生态的发展成熟、消费者线上购物习惯的形成以及消费升级的趋势，要求传统零售实体店只有进行互联网化的转型升级才可能在未来的零售市场中占有一席之地。具体来看，实体零售店可以从以下几个维度发力打造全体验化的便捷O2O模式，实现自身的互联网化转型升级。

以专注于时尚百货消费的银泰百货集团为例，公司旗下的百货店和购物中心为顾客提供免费Wi-Fi，以获取顾客的线上行为数据，然后通过大数据技术对收集到的线上和线下数据（电子小票、行走路线、停留区域等）进行综合分析，构建用户画像，精准定位顾客的购物偏好、购物频率、品类搭配等各种消费行为和习惯，进而为顾客提供更有针对性的产品和服务，优化顾客在线下门店的购物体验。

银泰百货布局O2O的另一个重要举措是与支付宝平台建立了战略合作伙伴关系。全国几十家银泰百货实体店允许顾客直接通过手机支付宝结账付款，从而既满足了顾客的不同支付方式和习惯，也有利于将支付宝中的用户引流到银泰实体店。同时，银泰百货还在各实体店中专门设置了触摸屏，主要提供订单查询、提货和送货服务，以更好地满足顾客"线上购买、线下体验"的消费诉求。

O2O模式是传统实体零售店未来发展的一个重要方向。不过，多数实体零售店对O2O的应用还停留在最浅层的"Online to Offline"，即发挥实体店在真实体验方面的优势，将流量从线上导入线下，让顾客获得更好的实景体验。

然而，O2O模式中的线上和线下并非对立与割裂关系，也不仅仅是"Online to Offline"，还是"Offline to Online"，是线上线下的无缝对接与有机融合，是对线上线下界限的模糊甚至消解。因此，真正的O2O模式其实是"O+O"，这也是传统实体零售店构建O2O模式的下一步方向。

普华永道的相关研究指出：大部分消费者希望在便捷的线上平台中进行商品选购、支付和预订，然后在适合的时间到线下门店提货；希望可以通过线上平台获取线下门店的实时库存信息；期待线上线下具有统一的促销活动，以及线上购买的商品可以直接在线下实体店中退换货等。

随着线上线下界限的模糊甚至完全消解，O2O将逐渐演变为"O+O"，线上线下的有机融合成为必然。虽然不同零售企业融合线上线下的方式可能有所差异，但以下内容是共通的：线上购买能否线下退换，或者线下购买能否线上退换？在A店购买能否在B店退换？线上购买能否线下体验……

显然，大部分实体零售商的O2O布局只是实现了从线上向线下导流，还远无法做到上述内容。那么，实体零售店应如何完成线上线下的无缝对接与有机融合，为用户提供一站式、一体化的购物体验，实现更高的销售转化呢？简单地讲，线上线下融合就是"你中有我，我中有你，相互服务的一种彼此依存的生态关系"。至于具体的融合形式和程度，则主要受电商和实体店零售业态创新的影响。

在以用户体验为中心的商业时代，如果商家不能为顾客提供更好的消费体验，就会导致消费者越来越远离自己。比如，以大型综合商超为代表的"大店"模式，不仅成本高产出低，而且顾客在购物时还常常面临诸多不便（如停车难），因此陷入了发展瓶颈。相反，越来越多"小而美"的便利店却不断出现在城市商圈和社区周边，通过提供的便利服务和更好的购物体验受到消费者普遍青睐，发展势头强劲，如日本的连锁便利店——全家（Family Mart）。

从实体零售的整体发展来看，以往追求"大而全"的综合商超正逐渐失去吸引力，取而代之的是各种小而美、小而精的"微店"。这里的"微店"有两层含义，如表19-1所示。

表 19-1 "微店"的两层含义

含义	具体内容
触手可及	单个店铺的面积较小,但分布广泛,消费者"触手可及",十分便利,且商品品类也不多,主打"精""美"商品
枢纽	店铺是微信、微博等社交媒体平台的一个枢纽,可以通过对顾客的实时追踪交互,提供更精准有效的服务,从而突破了以往只能通过SKU数据进行用户分析的局限

阿里巴巴集团COO张勇曾指出:未来的零售O2O将实现人在不同终端间流动,物在多终端间展示,线上和线下流量无缝对接、融为一体。从这个角度来看,实体门店是未来零售的一个重要终端。如果将分布广泛的"微店"终端与各类大数据深度结合,便能构建出全面、立体的用户画像,实现精准营销,从而为顾客提供更有针对性的服务,优化购物体验。

社区商圈侧重于本地化服务,便利性是关键。因此"微店"模式的目标是打造"15分钟商圈",即"用户只需走15分钟,就可以享受到实体店的便利服务"。这意味着,那些紧贴消费者、能提供便捷购物体验的实体店更容易受到用户的认同和青睐。

传统零售的全渠道转型路径

近年来,迅猛发展的线上电商给线下实体零售业造成了巨大冲击,实体零售企业的利润与销售额大幅下降。再加上,地租成本与人力成本不断攀升,客流量、客单价持续下滑,会员大量流失,实体零售企业面临着巨大的生存压力,这种压力主要表现在三个方面,如表19-2所示。

表 19-2　实体零售企业面临的三大压力

压力	具体表现
客流量下滑	线上电商分流，顾客线上购物习惯的养成，导致实体零售店铺的客流量持续下降
客单价下滑	线上品类的渗透率不断提升，导致实体零售店铺商品销售的连带率持续下降，进而导致客单价不断下滑
会员流失	在PC互联网时代，线下实体零售企业流失的会员以青年会员为主。进入移动互联网时代之后，随着智能手机的普及与各种移动电商App的出现，线下实体零售企业开始失去中老年会员

为应对生存危机，实体零售企业必须拓展线上渠道，开展全渠道运营，准备好随时随地为顾客服务，增加店铺客流量，提高订单转化率。同时，实体零售企业必须开展精细化的商品运营，提高进店顾客的客单价；开展精细化的会员管理，降低会员流失率，增强会员黏性。

而实体零售企业开展全渠道运营的方法无外乎以下几种：自建电商网站、入驻第三方电商平台、自行开发App等。无论实体零售企业选择哪种方式，都会面临三项基本任务，具体分析如下。

◆ 业务再造

实体零售企业业务再造的目的是让企业的组织架构、岗位职责与全渠道运营的业务流程、考核体系、业务战略相匹配，为此，实体零售企业要做到以下三点。

（1）明确战略经营定位。

实体零售企业要在保证现有优势的基础上选择新渠道，确定优先拓展的渠道，明确渠道拓展方案，优化资源配置，制订合理的推进计划，协调渠道间的利益关系，在人才、资金、团队等方面做好充足准备。从目前的情况看，随着智能手机、移动支付不断普及，顺应未来的消费趋势，实体零售企业应优先拓展移动渠道。

（2）适时调整组织架构。

实体零售企业要根据战略定位、全渠道业务开展进程、业务模式对组织架构进行调整，重新制定部门职责与岗位职责，确定各岗位的业绩评价标准。

比如实体零售企业开通了线上业务，如果线上订单量较少，基本不会影响门店的正常运营；如果线上订单量较大，企业就要考虑增加新的业务岗位专门负责线上订单的拣货与配送，或者对现有的业务岗位的职责进行调整，以做到线上线下兼顾。另外，开通线上业务之后，实体零售企业还必须重建线上线下客服体系，该体系包括售前客服、售后客服、网站客服、电话客服等。

（3）优化、整合业务流程。

实体零售企业要根据未来的业务方向优化业务流程，针对关键业务模块制定界面间的流转规则，划分责任权限，明确流程整合的业务范围，制定关键管理规则，为业务流程效率考核设置KPI指标，根据组织架构确定组织职责与岗位职责，建立流程优化升级机制，保证业务流程可根据业务发展定期升级，保证业务流程始终紧跟业务开展进程。

◆ **基础改造**

一方面，实体零售企业要对门店与门店经营的商品进行数字化改造。在PC互联网时代，阿里巴巴、京东等互联网电商的主要工作就是对商品及销售组织进行数字化改造。所以，实体零售企业要想开展全渠道营销，必须对门店及商品进行数字化改造，这是基础工作。如果忽略这一环节，后续工作就无法开展。

前几年，零售业飞速发展，各个零售业态的市场份额都实现了大幅增长。曾经，因为百货商场、超市卖场推行商品"大码联营"的经营方式，导致很多实体零售企业试图通过品类管理提高经营效益，于是，零售行业掀起一股"品类管理"风潮，结果以失败告终。现阶段，实体零售企业推行全渠道运营必须对商品进行精细化管理，而商品精细化管理，甚至商品数字化管理的基础就是单品管理。所以，在对商品资料进行数字化改造之前，实体零售企业必须对"大码联营"的商品进行单品化管理。

另一方面，实体零售企业要对物流配送模式与能力进行电商化改造。首先，实体零售企业要对实体门店的仓储配送体系进行改造，建立适合B2C的物流仓储及多类少量的库存结构；其次，实体零售企业要根据跨渠道业务需求对物流配送中心进行改造，提高自动分拣能力与拆零配送能力；最后，实体零售企业要增强门店的货物分拣与配送力量，推出线上送货与门店自提业务，提高全渠道订单处理与交付能力。

◆ **系统重构**

随着科学技术的迭代更新，中国零售业几乎与全球零售业同时迈进全渠道零售时代，但仅凭实体零售当前的核心业务系统，全渠道运营无法顺利推进。在此情况下，无论实体零售企业还是互联网电商都必须对现有的业务系统进行改造，而O2O就是业务改造的关键点。

首先，实体零售企业必须对现有的信息系统进行改造，创建"全渠道零售业务支持系统"。但目前，中国传统零售企业的全渠道业务升级还没有系统、完善的解决方案，也没有成熟的系统的支持，在全世界范围内都没有经验可以学习、借鉴。

业内人士一致认为，在全渠道零售背景下，实体零售企业应该以现有的信息系统为基础创建"全渠道零售业务服务枢纽平台"，借此完成信息系统的重构。业内将这个枢纽平台称为"全渠道零售中台"。

全渠道零售中台可解决全渠道业务，尤其是全渠道业务融合过程中产生的复杂的业务逻辑问题。零售企业可通过全渠道零售中台的建立打通线上线下，为跨渠道协同的实现提供可能。

另外，全渠道零售中台可开展集中统一的运营管理，对所有渠道的商品资料信息进行共享，对订单进行集中处理与分配，实现统一存储、拣货、配送、营销、售后、分析，对会员资料进行统一保存与处理。

综上，全渠道零售中台的基本任务如下：对全渠道业务处理要求进行整体规划，根据各核心业务划分建立专门的管理平台，如订单管理平台、会员管理平台、库存管理平台等，与线上前端业务处理响应需求和后端管理要求对接；面向全渠道零售提出的新业务规则、业务模式、业务策略在全渠道业务平台进行维护，适应多端变化；至于新的全渠道业务，后台系统的主要任务是做好管理，维护规则，接收结果，对账务进行处理。

对于传统的实体店系统服务，先保持原有渠道运营不变，然后再根据线上线下业务融合要求，将需要共享的管理功能转移到全渠道零售中台。

对于实体零售企业来说，全渠道零售中台是其接入互联网的核心枢纽，必须支持随时随地访问，而且能够立即对所负责的业务规则进行处理，可以应对线上线下流量的波动。为了满足这两项要求，全渠道零售中台的构建必须引入云技术。在云技术的支持下，传统线下业务支持系统可以逐步实现互联网化或云化，从而满足全渠道零售业务的开展需求。

实体零售企业的六大转变

在全渠道零售模式下,实体零售企业将发生六大转变。

◆思维转变:实现零售思维的互联网化

在市场竞争中,思维落后是相当危险的,它抑制了组织成员的活力与创造力,难以针对动态变化的市场环境与用户需求做出及时调整,用户思维、服务思维、共赢思维等都是传统实体零售人应该学习的,同时,移动互联网时代新思维不断涌现,需要实体零售人在日常工作中善于学习借鉴,做到与时俱进。

◆组织转变:从中心化到扁平化

以高层管理者为中心的传统组织架构使企业丧失了灵活性,难以真正满足用户需求,而扁平化的组织架构是以用户为中心,以为用户创造价值为使命,而且扁平化的组织架构有助于加快信息与资源在组织内部的流通共享,提高企业运营效率,更好地推进战略与方案的落地执行。

◆经营转变:从经营商品到经营顾客

实体零售的发展可以概括为三个阶段,早期是以店为中心,商品供不应求,门店数量与选址尤为关键;后来是以商品为中心,同质竞争的存在,使实体门店必须做好选品环节,为消费者提供高性价比的商品;如今则是以顾客为中心,顾客掌握交易主导权,为了满足顾客需求,需要商家洞察用户需求,分析用户购物习惯,满足用户物质与精神的双重需要,由经营顾客取代经营商品。

◆服务转变：从单向静态到双向实时动态

很多传统零售企业建立了会员系统、CRM系统等，但对该类系统的应用主要就是方便自身向用户推送促销信息，在节假日通过短信、彩信、电子邮件等引导用户购买，这种单向静态的信息传播方式已经不符合时代发展趋势，应该转变为双向实时传播，向用户推送信息的同时，也能让后者畅所欲言，表达出他们的真正诉求，并为企业提供建设性意见。

比如，借助微信群对门店会员进行管理，和用户进行双向实时交互，在长期交流过程中，逐渐掌握用户消费习惯与需求心理，分析用户购物记录、购物行为路径、购物评论等，开展个性化推荐，长此以往，和用户建立双向实时连接与服务关系，为自身积累一批忠实顾客。

◆门店转变：从商品流通到服务体验

传统线下门店更多地是扮演展示并销售商品的角色，功能单一，再加上国内实体零售人服务意识缺失，难以为顾客提供优质服务，这就给了低价、方便快捷的电商平台可乘之机，造就了淘宝、京东、唯品会等电商巨头。

与国内零售市场形成明显对比的是，电商在日本市场始终不温不火，从用户购买力、诚信体系建设、电商基础设施、物流等配套产业发展水平等方面来看，电商在日本市场的发展条件要比中国更为优良，但日本实体零售十分发达，线下门店有着较高的经营水平，不但可以让用户购买各种商品，还能享受生活缴费、取款等多种便民服务，通过极致体验吸引消费者重复购买甚至终身购买。

◆**店员转变：从雇员身份到合伙身份**

不难发现，很多科技企业对员工十分重视，因为技术与人才是这类企业的核心竞争力。为了更好地激发优秀人才的创造力，部分科技企业还建立了股权激励机制，让优秀人才成为合伙人，共担风险、共享收益。

但绝大部分实体零售企业并未认识到员工的价值，员工无法获得优渥的薪资待遇，更不用说获得成就感、满足感，员工以打工者心态工作，效率低下、流失率较高，想要打破这种不利局面，需要实体零售企业重新定义员工角色，赋予其合伙人身份，给予其尊重，激发其主人翁精神，这样才能让企业实现基业长青。

企业如何构建全渠道供应链？

随着市场竞争的日趋激烈，零售企业之间的价格竞争已经失效，而供应链管理越来越成为企业关注的焦点。企业要根据市场需求，立足于信息系统层面，对其采购平台、营销过程及信息资源实施整合。在这个过程中，难度最大的当数物流整合，不少企业在物流整合方面都遇到了问题，在这里进行简要梳理。

◆**传统渠道物流，怎样适应全渠道运营模式**

传统渠道物流围绕库存销售开展运营，在区域存储中心进行商品储存，按照需求信息进行商品调度，不同地区的存储地负责当地供应链末端的商品供应。

在全渠道运营模式下，传统的商品存储方式会被颠覆，企业会依据市场需求量对商品进行分类管理，将需求量较大的商品放在供应链末端，在区域仓库中存储需求量相对较低的商品，通过提高物流环节的反应速度保证商品的正常供应。

◆完善全渠道模式下公司的物流体系

以国美为例，到2018年，国美在国内的店面达1600多家，该集团建立了自己的物流体系，能够有效承担县级以上城市的家电配送工作。海尔也建设了自己的物流系统，其物流站点覆盖至国内2800多个县级城市，能够满足小型城市的商品物流配送需求，为消费者购物提供便利。通过建立独立的物流体系，企业能够有效保证自身的正常运营，实施全渠道运营模式。

◆独立的物流体系具有显著的优势

在实施全渠道模式的过程中，拥有独立物流体系的企业，在与其他同类企业竞争的过程中占据优势地位。前者能够提供给消费者更优质的购物体验。不同消费者的需求是不同的，在人们越来越重视消费体验的今天，独立物流系统能够更好地对接消费者的多元化需求，体现企业的竞争优势。

仅通过线上平台开展商品销售的企业，离不开物流系统的支撑。实施全渠道模式的过程中，当企业在节假日迎来销售高峰期时，其运营则依赖完善物流的支持，否则就容易出现问题，降低消费者的购物体验。

很多企业会在春节期间迎来销售高峰期，但如何让消费者在节日期间也能够获得优质的购物体验，是企业需要重点解决的问题。大部分电商在春节期间停止发货，建立起独立物流体系的国美与海尔则能够正常进行商品配送。

实体零售企业与电商零售企业都要提高对消费者体验的重视程度。该环节的经营能够对企业的整体发展产生很大的影响，是企业需要重点关注的环节。也就是说，对于实施全渠道运营模式的企业来说，除了产品质量之外，商品的体验也是企业不能忽视的重要一环，服务体验的重要性尤为突出。

企业在实施全渠道模式的过程中，要注重以下几点，如表19-3所示。

表 19-3　企业实施全渠道模式需要注意的四大内容

序号	四大注意事项
1	在实体渠道与线上渠道为消费者提供优质的体验服务，通过移动端平台为消费者提供便利的服务，让消费者能够在移动端下单、支付
2	除了产品体验之外，还要改善物流服务与售后服务，从各个方面提升消费者的体验
3	注重营销环节的改革与创新，进一步优化自身的服务体系
4	开展移动端的运营，满足消费者的多元化、个性化需求

在售后服务方面，国美建立了200多家维修机构，负责产品维修的工作人员数量达3000人以上。海尔也非常注重服务提供，在全国各地建立了村级联络站，总体数量接近20万个，为消费者提供与产品相关的配套服务。

海尔建设的联络站点在对接消费者需求的同时，也负责实施产品回收、提供产品体验服务并组织优惠活动。通过加强末端服务的建设，零售企业能够为消费者提供更加优质的体验，并在竞争中掌握更多的话语权。

　　近年来，越来越多的零售企业开始实施全渠道模式，促使更多的企业对传统模式进行改革，对原有系统结构进行调整和优化，向全渠道方向发展。面对激烈的市场竞争，那些抓住改革先机较早过渡到全渠道运营模式的零售企业更具竞争优势，也带动了更多企业在该领域展开布局。在全渠道模式普遍应用的今天，包括企业经营者、供应方、物流合作者及消费者在内的参与者，都应该对总体发展趋势进行把握，抓住改革机遇，及时实施调整，勇于探索与创新。

第20章
新零售环境下的营销变革与策略

新零售时代的消费需求变革

现阶段,很多企业尝试发展新零售,但大部分参与者只是从局部入手,并未制定全面的规划。举例来说,有的零售企业将超市与餐饮结合起来,但除了拓展其业务范围之外,并未出现其他方面的改变。有的企业运用先进技术手段推出无人店,除了形式新颖之外,并未实现与市场需求的真正对接。有的实体店积极应用大数据、智能化技术进行现代化改革,但最终呈现出来的效果并不明显。

企业在向新零售发展的过程中,要从各方面进行改革,如果只聚焦于局部的调整创新,则难以应对全新的市场环境,很可能在竞争中处于不利地位。

从零售业态的角度来分析,由于新零售是一种新生事物,在这个概念诞生之前并没有企业在这方面进行尝试,也没有供人们进行探讨、分析的经验,所以目前还无法对新零售进行准确的定义。具体而言,新零售与传统零售相比,在市场环境、技术应用、消费行为等方面都发生了很大的变化,由于没有可供借鉴的经验,企业只能独立探索。

零售企业要进行变革,就必须对自身所处的市场环境及其变化趋势进行科学、有效的分析。通过分析市场环境对自身发展产生的影响,企业能够据此制定系统化的新零售发展规划,探索出适合自己的新零售改革之路。

根据现阶段下的市场环境来分析,企业要在新零售领域展开布局,就要对市场环境、消费需求的变化进行把握,同时要进行技术层面的创新。概括来说,零售企业在向新零售发展的过程中,既要符合市场变化趋势,又要满足消费者不断变化的需求,还要发挥技术的支撑作用,这三者缺一不可。

从某种程度上来说,零售行业的改革就是在生产力进步的基础上,以市场需求为中心,对传统零售形式进行变革,从而对接新型消费群体的需求。

消费需求的进步,能够带动整个社会经济的发展。立足于经济层面来分析,消费是经济社会发展的重要推动因素。需求方面的演变与发展,能够为经济社会的进步提供助推力量。在需求的驱动作用下,将有越来越多的企业成为新零售的参与者。

在市场变化的驱动作用下,企业向新零售的转型已经成为该领域未来发展的主导方向。与之前相比,现如今的消费市场呈现出了许多新的特点。通过对消费需求进行分析,可总结出以下几个重要的特点,如图20-1所示。

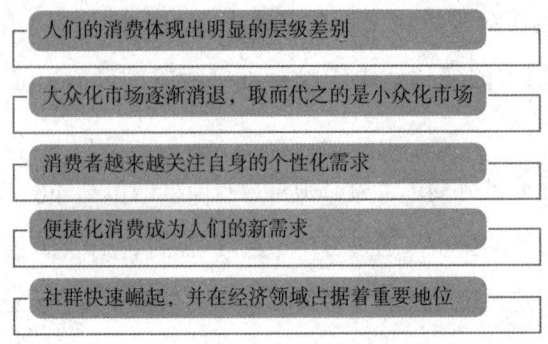

图 20-1　新零售时代消费需求的五大特点

新零售时代消费需求所体现出来的几大特征，说明消费市场的结构已经不同于传统模式。当消费需求表现出明显的差异时，企业就应该对传统的零售模式、零售技术进行变革。

传统模式下，企业的零售经营聚焦于商品本身，吸引消费者进店消费，主要为其提供大众化商品，在消费升级时代下，企业只有进行改革才有可能满足变化了的消费需求。

立足于宏观角度来分析，伴随着社会经济的发展，市场需求量也稳步提高，企业应该对人们的需求变化进行分析与把握，根据其需求特点提供相对应的产品，为人们的日常生活提供高品质、便捷化的问题解决方案。

企业只有对传统零售形式实施改革，才有可能对接新时代下的消费需求，使自身运营得到市场的认可。对于零售企业来说，新零售模式构建首先要将以商品为中心的业务模式彻底打破，将其转变为以用户管理、订单管理为主线。

在当前的市场环境下，对于零售企业的运营来说用户管理是核心，对于用户管理来说订单管理是主线，对于未来的商业来说，开发用户、提升用户价值是核心。所以，企业的信息系统要体现用户管理思维，要围绕用户构建系统架构。在这个过程中，零售企业新的信息系统架构要以"以订单为主线的用户思维管理模式"为主线，商品退居二线，辅助企业满足用户需求、达成订单。

综上所述，企业要在新零售领域展开布局，就要提前对市场环境、需求变化进行科学有效的分析，根据现阶段下消费需求的变化特点及其变化趋势，决定企业未来的总体走向，在此基础上落实企业的新零售发展规划。

新零售时代的营销新特征

从本质上看，新零售就是零售，而零售就是买卖、交易。当然，新零售之所以"新"是因为它出现了一些新特点，即更好的买卖。而要想做"更好的买卖"，零售企业就必须做好新零售营销。

基于新零售的营销实践，笔者认为相较于传统营销来说，新零售时代的营销表现出了三大特点。

◆从推销转变为认知

当今社会，物质极度丰富，零售企业的销售方式发生了一定变革。过去，零售企业的销售方式主要是推销；现阶段，零售企业的销售方式转变为增强消费者认知，告诉消费者如何才能买到质量更好、性价比更高、更有意义和价值的商品。从消费者的角度看，消费者增强对商品的认知，就会提升对零售商的信任，成为零售商忠诚的粉丝。

◆ 从营销商品转变为营销顾客

过去，零售商一直忽视顾客经营，以商品为基础，通过特价促销与顾客建立了一种十分松散的关系，导致顾客频频流失。在新零售环境下，如果零售商继续使用这种营销模式，以商品为中心，以低价为手段，销售业绩必将持续下滑。为了改变这种情况，零售商的营销活动必须从以商品为中心转变为以顾客为中心，听取顾客心声，获知顾客需求，与顾客建立紧密联系。

◆ 从单一的营销转变为多元化的营销

进入新零售时代以来，消费场景越发多元化，线下有便利店、购物中心、商场、超市，线上有微信朋友圈、电商网站等，消费场景的多元化导致营销方式多元化，零售企业必须通过各个渠道传播内容形成全渠道、全方位营销，让内容做到随时随地可触达。全渠道营销指的是零售商通过线上、线下渠道融合开展营销；全方位营销指的是零售商通过文字、图片、视频等媒介开展营销，通过各种有情怀、有温度的表现形式进行产品推广与传播。如此一来，消费者可以通过任何渠道获取信息，零售商可通过任一触点满足消费者的内容需求。

场景IP：贴合消费者的心理认知

零售企业凭借传统的营销方式很难获得目标顾客，造成了人力、物力的极大浪费。中国零售市场规模极大，竞争非常激烈，消费者需求变化极快,中小型零售企业很难做到垄断。在这样的市场环境下,营销非常注重精准定位目标客户群体,绘制精准的顾客画像,可以更快、更精准地找到目标客户。画像精准度越高,零售企业的营销成本就越低,销售额增长速度就越快,反之亦然。

◆设计场景,贴合心理

场景就是产品逻辑。从心智角度讲,产品逻辑就是贴合顾客心理,建立场景强关联;从体验角度讲,只有在特定的场景中,消费者才能获得协调的体验。体验与场景密不可分,比如王老吉与火锅、红牛与长途开车等,都与场景建立了强关联。

场景是什么?场景就是"时空+心理"。其中,时空指的是时间、地点,心理指的是强关联。新营销必须贴合目标消费者的心理,与其产生较强的感应,让其对品牌形成全方位认知,从而对其产生影响。

在新零售环境下,场景不再是一个简单的名词,而是以人为核心,将人的精神、情感、记忆与实体空间相融合形成的一种创造与思维,是随着新洞察产生的一种新的生活方式。对于新零售营销来说,场景营销是核心,这里的场景涵盖了视觉与故事两个维度,如表20-1所示。

表20-1 场景营销的两大维度

两大维度	具体内容
视觉维度	企业在营销过程中展示产品,这个维度包含四大要素,分别是营销场地、营销人员、营销工具与产品。比如,房地产企业在正式售房之前会先建一个豪华的售楼处,让进店的顾客产生联想,从而提高成交率
故事维度	讲故事是每个营销人员的必修课,相较于生硬的产品介绍,故事更容易打动消费者。如果故事能具体到人,就更容易被消费者信任、接受,甚至还可以引起消费者的共鸣

◆ **赋予IP，自主传播**

IP属于一种知识财产，是知识积累到一定程度后的输出，是一种自发传播的能量。未来，IP会逐渐占据主导地位，品牌会逐渐弱化。比如，统一、娃哈哈旗下的每个产品都是一个品牌，但不是每个品牌都是IP。当一个产品IP化之后，并不一定被所有人接受、喜爱，但永远会有人将其作为第一选择，甚至会有人主动传播。

让一个产品IP化就是赋予这个产品某种情感。过去的广告传播依托的是重复记忆，通过反复播放让消费者记住。而互联网传播的基础是情感、兴趣。有些企业进行社群传播，但因为没有IP支撑，整个传播过程无法常态化。对于新营销来说，IP就是企业或品牌传播的价值观。以企业的文化特性为依托，根据消费者喜好选择合适的方式持续输出与产品或品牌相关的内容，每次输出的内容都能让客户产生一定的感触，这就是IP的价值。

社群营销：私域流量的价值转化

社群营销是以某种相似特征为依托，通过某种载体聚集流量，利用产品或服务满足目标消费者需求而形成的一种商业形态。社群营销的载体非常多，微博、微信、论坛、QQ群、线下社群等都可以用来开展社群营销。在这些载体中，微信群是使用效果较好的社群载体。一般来说，微信群有三种类型，一是工作群，比较封闭；二是社交群，以人为中心建立连接；三是粉丝群，以产品为中心建立连接。社群对消费者进行细分,让零售商可以针对特定的群体、特定的区域进行产品传播、推广。

具体来看,零售企业要想做好社群营销必须做到以下三点,如表20-2所示。

表20-2 零售企业社群营销的三大策略

策略	具体内容
发展粉丝	增强粉丝对产品、品牌的认知,然后进行推广,持续对粉丝产生影响,从而提升产品的影响力
聚集粉丝	聚集粉丝的过程就是对产品赋能,形成口碑的过程。社群是以相同的价值观为基础形成的组织,强调可以与消费者建立连接的价值共同点。这个价值共同点可以是行业的意见领袖,也可以是某个产品或场所,还可以是某种兴趣爱好。在整个产品销售过程中,社群的功能非常强大,前期可以向消费者传达信息,中期可以解答消费者的疑问,后期可以为消费者提供售后服务,通过口碑传播获取新用户等
建立平台	零售企业要搭建平台整合资源,对资源进行共享,通过社群传播增强消费者黏性;通过线上、线下渠道开展活动,增进社群成员之间的联系与情感,将社群成员紧密地联系在一起

营销活动的开展离不开传播,微信公众号运营、推广活动策划、社区类产品开发、官网官微维护等都是围绕传播进行的营销。只有做好传播,零售企业才有可能源源不断地获取流量。对于零售企业来说,所有与消费者的接触点都是传播点。也就是说,传播渠道既有线上渠道也有线下渠道,所以零售企业既要创建传播渠道,又要构建渠道网络,让传播内容覆盖所有渠道,让传播无处不在。

零售企业的所有活动都有传播价值。以江小白为例,江小白最受关注的不只是表达瓶与文案,还有其深度分销模式,将营销推广变成传播,不仅增加了产品销量,盘活了终端,还将其变成"一对多"的活动。

总而言之,新零售营销就是精准定位目标客户群体,与目标客户建立连接,增强目标客户的黏性,发展终身粉丝。为此,零售商必须锁定目标客户群体,绘制精准的画像;设计营销场景,贴合消费者心理;让产品IP化,实现自主传播;开展社群营销,增强与消费者的连接;开展全渠道传播,让传播无处不在。

第八部分

智慧营销篇

第21章
精准营销：大数据驱动的营销策略

数字经济重构传统营销模式

数字化时代的到来变革重塑了以往的生产生活方式，推动着众多商业先行者不断探索全新的零售模式和商业路径，以便有效应对消费者的多元化、个性化、多层次诉求。移动互联网和电子商务的发展成熟，对传统零售和消费商业形态造成了巨大冲击颠覆，其强度之大、变革内容之广，远不是过去几十年的商业发展可比的。

我国互联网基础设施的持续优化完善和网速的不断提升，特别是移动互联网、大数据、云计算、物联网等先进信息化技术的快速发展成熟，为整个商业体系的数字化转型升级奠定了坚实基础。当前，数字化转型已不再只是一种构想，而成为企业实现良性长远发展必须进行的一项战略任务。

从消费者角度来看，数字化时代的到来也重塑了人们的日常生活方式。消费社会中，人们已成为不间断购物的顾客，他们通过移动互联网、实体门店等线上线下多种渠道获取所需的产品、品牌和企业信息，通过微博、微信等各种社交媒体与商家或其他消费者进行实时沟通互动，并十分乐意将自己购买或使用产品的体验分享到社交平台上。

相关调研指出，城市中大约79%的消费者喜欢在各种社交媒体中交流分享信息，52%左右的消费者经常在实体店试用产品并比较价格后，通过电商平台进行购买。因此，在商业环境、消费者行为和需求快速变化的数字化时代，企业或商家只有积极进行数字化变革转型，才能及时满足消费者需求，提供更好的消费体验，获得消费者的认可和青睐。

同时，越来越多的消费者也逐渐感知到购物环节等整个商业生态的巨大变化，主体意识不断增强，习惯并主动参与到数字化时代的创新商业玩法，不再满足于单纯被动的信息接收者和产品消费者的角色，而是积极参与到产品价值链，成为产消者。

传统商业时代，信息的不透明、不对称导致"买的不如卖的精"，买家获得的大都是被卖方加工过的信息，处于一种"被动行为"状态，卖家则借此获得高额利润。与此不同，互联网时代下的信息高度透明并快速流动，消费者不必单纯依赖卖家提供的信息，而是可以通过线上线下多种渠道获取所需的产品或品牌信息，从而拥有了更大的主动权。

简单来看，当消费者能够从多种渠道获取信息时，就可以从容地"货比三家"，选择性价比最高的产品；也不用只能听商家的宣传推广，而是可以从朋友或其他消费者那里获得产品的真实评价和使用体验等信息；同时，借助微博、微信等各类社交媒介，用户之间的信息交流分享也突破了时间和空间的限制，人们可以随时随地获取其他人分享的信息,并据此做出最佳的消费选择与决策。

　　此外,依托日益发展成熟的社交平台,用户也十分乐意将自己的产品消费和使用体验分享出来,向其他亲人朋友分享推荐好的产品,或者抱怨不好的产品体验。这种主动分享行为使用户体验成规模地放大,成为影响产品销售的一大关键因素。特别是在以用户为中心的体验经济时代,相比商家推送的信息,消费者更愿意相信其他用户分享的内容,口碑营销在企业整个营销体系中占有越来越重要的地位。

企业营销的数字化转型策略

　　在以消费者为中心的互联网商业时代,消费者拥有绝对的话语权,消费者的产品评价和使用体验对企业树立良好形象、实现长远发展具有重要影响。以往,当消费者购买行为结束后,企业的任务便完成了,不必再与消费者保持关系;互联网时代下,用户购买产品后企业不仅不能结束关系,反而要与用户建立更加紧密的连接,因为此时用户的体验历程才真正开始,而用户体验对企业的良性可持续发展具有至关重要的作用。

　　企业营销的数字化转型就是围绕用户的体验之旅,与他们进行持续深度的沟通互动,在此过程中与用户建立起有效连接和信任关系,获得用户认可和忠诚,从而为后续各种营销活动奠定坚实基础。

　　要为消费者提供良好体验,首先必须了解大数据时代下消费者发生的变化,对此可以从消费者购物必然经历的几个关键周期阶段进行探讨和分析。

◆ **获得产品信息**

以往消费者主要是从线下实体店或销售人员那里获取产品信息,处于被动地位,只能依靠商家信息对产品和品牌产生印象。

与此不同,互联网大数据时代下,消费者在前往实体门店之前,通常会首先在手机、Pad或PC端通过搜索引擎或相关购物平台对产品和品牌进行了解;如果产品决策链较长,或者需要通过线下体验和服务才能进行决策,消费者也会首先通过地图App等工具搜索附近的目标购物场所,然后再前往实体店进行体验。同时,消费者前往门店的过程中,可能又会使用到打车软件或导航软件。

虽然消费者了解产品的行为方式发生了诸多变化,但是依托大数据技术,消费者在各类场景中的行为都能被记录和追踪。由此,企业能够超出单一的产品环节,在每个接触点优化消费者的体验,从而极大拓展了企业的价值想象空间。

◆ **认知过程**

大数据时代,消费者的认知过程呈现出时间上碎片化和渠道上多元化的特点,即人们在碎片化的场景中通过线上线下多种渠道对目标产品和品牌进行了解认知。不过,消费者的产品认知过程并非固定不变,而是会综合考虑产品的购买成本和属性,以及决策周期的变化,对整个认知过程进行优化调整。

从企业营销的角度来看,要求企业精准定位不同类型的消费者,基于不同的决策周期采用最合适的用户对接渠道,实现在消费者认知过程中的有效沟通互动,进而与消费者建立起亲密的连接关系。

◆深入了解

互联网整体商业生态的发展成熟为消费者深入了解和比较商品提供了便利，优化了人们的消费体验。有文章指出，移动互联网时代下，传统互联网巨头Google感受到日益强烈的危机和竞争，因为越来越多的消费者在移动端进行与购物相关的行为时，不会再采用"打开浏览器—输入Google.com—搜索产品信息—进入选择产品信息的网页进行比较"这种烦琐流程，而是直接进入Amazon等第三方App，在电商平台中完成对产品的全面了解与比较。

更重要的是，随着移动互联网、大数据等的不断发展成熟，能够提供价格、产品、品牌比较的相关工具越来越多样和完善，一些达人提供的信息甚至比商家更快速、更全面。

◆交易环节

消费者做出购买决定后，常常会基于不同的入口和接入渠道选择不同的支付方式，从而导致当前移动支付在场景布局和体验上的竞争越发激烈。

◆再次购买

对于引导消费者的回购行为，商家除了直接通过短信、微信、E-mail等渠道推送相关信息，还可以利用App、视频网站、财经新闻、导航软件等平台推送消费者感兴趣的产品，潜移默化地引导消费者再次购买。

◆客户回馈、激活环节

O2O、线上线下互动等场景布局的不断发展成熟，为客户回馈、激活环节提供了更大的想象空间，比较常用的手段包括入会、积分、满减、发放优惠券等。同时，被海量信息包围的消费者也越来越能适应商家基于O2O、线上线下互动等场景的创新玩法，甚至主动参与其中，与企业共建品牌、共创价值。

大数据时代的精准营销

中国经济的蓬勃发展给世界经济增长带来了巨大推力，大量海外品牌进入中国市场，一批国产品牌也走上了世界舞台。国内企业面临的市场竞争越发激烈而残酷，不仅要面对国内竞争对手，还要防范国际巨头。同时，跨界融合成为常态，来自其他行业的搅局者更是让企业防不胜防。

消费升级背景下，人们对产品及服务提出了更高的要求，在波谲云诡的移动互联网时代，企业要想长期生存下来并不断发展壮大，需要具备极高的经营管理能力。而大数据的研究及应用，为企业品牌管理创新带来了重大发展机遇，推动企业持续扩大品牌影响力，沉淀一批忠实粉丝。

智能手机与移动互联网的推广普及，使信息规模以几何倍数保持迅猛增长，如何快速高效收集并处理市场变化、竞争对手竞争策略、用户需求等方面的数据，为自身的产品研发、营销推广、业务流程改善等提供有效指导与帮助，成为各行业企业面临的一项重要时代课题。

随着大数据时代的到来，依托移动终端和大数据技术的精准营销成为市场营销的主流。面对瞬息万变的商业市场和日益多元细分的消费需求，如何利用大数据技术精准定位目标消费群体、深挖用户需求从而形成强有力的营销方案，已成为当前企业开展营销活动时必须考虑的关键议题。

大数据是一种数据规模庞大、数据信息类型多元、数据信息快速流转、价值密度关联度低的数据信息集合。显然，要处理大数据，人工处理以及传统数据库管理工具变得不再适用。近几年，大数据在提高企业决策效率与水平、推动企业管理及技术创新、实施业务流程优化等方面的价值得到了充分体现。

简单地讲，精准营销就是在合适的场景（时间、地点）将合适的产品通过合适的方式提供给合适的人。体现在大数据应用上，就是企业对市场各方面的数据信息进行采集、处理和分析，通过挖掘数据价值对用户精准画像，明确用户的消费需求，进而做出合理有效的决策，最终实现交易双方的共赢。

下面我们将通过三个具体案例探讨企业应如何有效利用大数据进行精准营销。

【案例1】尿布与啤酒

在美国的一家沃尔玛连锁超市里，尿布和啤酒这两个看起来毫不相干的商品被摆放到一起，结果两者的销量都大幅增加，成为营销界津津乐道的话题。究其原因，在家照顾宝宝的妻子经常会嘱咐丈夫下班回家时去超市给孩子买尿布，而丈夫在购买尿布时常常会顺手买下自己爱喝的啤酒。因此，当商家把尿布和啤酒摆放到一起时，两个看起来毫不相干的产品却推动了彼此销量的大幅增长。

【案例2】半夜12点秒杀

相关数据显示，用户每天上网的时间主要是在中午12点以后和晚上12点以前，原因是很多人都形成了睡觉前上网的习惯。针对消费者的这一上网习惯，淘宝平台的一些商家经常在深夜12点开展"秒杀"促销活动，大幅提高了产品销量。

【案例3】出行定制服务

人们乘坐公共交通出行时需要去固定的公交站点等待，然而在北上广深等拥堵严重的城市，如果刚好遇到拥堵高峰期，则常常需要等待很长时间。针对这一情况，为便利人们的公共交通出行，这些城市积极利用大数据等信息化手段，将处于相同区域、相同出行时间、有相同出行需求的分散人群组织聚合起来，提供定制化的公共交通服务，从而大大优化人们的公共交通出行体验。

综观以上三个案例，都是通过挖掘历史数据获取用户的购买、出行等行为数据，然后通过对用户行为数据的整合、处理、分析，挖掘数据价值，获取精准的用户画像，最终实现从数据到行为分析再到营销方案售卖产品的转化。

应用大数据技术和分析方法的目的，并非简单地处理海量离散数据，而是为了寻找数据背后的联系与规律，帮助企业掌握市场动态及用户需求变化，从而制定出更为科学合理的经营管理策略。

从技术角度上看，企业应用大数据技术必须要有云计算技术提供支持。显然，海量数据的快速高效处理不可能只用一台计算机就能完成，而需要通过分布式架构对数据进行深入分析与发掘，从而充分释放数据的潜在价值。具有云存储、虚拟性、分布式处理特性的云计算技术和大数据技术完美契合，能够使企业通过数据处理获得以下几个方面的优势，如表21-1所示。

表 21-1　云计算与大数据技术赋予企业的数据处理优势

优势	具体内容
实现定制生产及精准营销	通过对消费者的购买、评论、浏览、社交等各类数据，掌握其需求偏好，实现个性化推荐及定制生产
建立完善的服务体系，为用户带来极致体验	通过挖掘市场及用户数据，找到对用户体验产生关键影响的各个触点，从而优化业务流程、提高服务体验，赢得更多用户的认可与信任
使企业在竞争中处于优势地位	通过大数据技术对市场及用户数据进行深入分析后，可以让企业对未来一段时间内的市场潮流与趋势进行预测，助力企业制定出更为科学合理的竞争策略

大数据营销的关键要素

◆ 数据分析

如果市场营销人员想要得到100份有效的网络用户答卷，根据此前的用户调研活动，需要发布多少份调查问卷，才能实现该目标？完成该目标又需要多少时间和预算？通常来说，网络用户调研活动的回收率约为5%，要想得到100份有效用户答卷，就要发出2000份问卷，需要的时长在30～50天。显然，在市场环境与用户需求处于动态变化之中的移动互联网时代，这种方式让企业在激烈而残酷的市场竞争中相当被动。

然而如果市场营销人员采用基于大数据技术的数字营销，就可以快速高效地完成以下目标：

- 精准定位出1%的目标用户。
- 发出200份用户问卷，且几乎全部回收。
- 发送问卷后3小时内回收约35%的答卷。
- 5天回收超过预期目标85%的答卷。
- 耗费的时间与成本还不到传统用户调研方式的10%。

为何大数据精准营销能够达成这些目标呢？最大的奥秘就在于通过数据分析实现了精准到个体的定制推送，精准定位那些愿意参与调研活动的用户，并选择他们愿意填写调查问卷的时间推送。显然，对于同一份调查问卷，用户在乘地铁场景中会比工作中有更高的填写欲望。

◆ 数据预测

实现精准预测是所有企业梦寐以求的事情，它能让企业以更低的成本快速高效地满足用户需求，但要做到精准预测是一件相当困难的事情。

完成了用户画像描绘和受众群体细分后，便可以对用户需求进行预测，此时需要充分结合用户的个性化标签。虽然变革与创新是时代主旋律，但有相当多的企业仍在沿用传统营销思维，它们以产品为中心、以企业利益为导向，向消费者频繁推送同质化内容。

这种做法违背了产能严重过剩导致的交易主导权回归用户的商业逻

辑，无法充分满足日益个性化、多元化的用户需求。大数据时代，企业应该以用户为导向，对用户需求进行深入分析并精准预测，将营销对象从大众具体到个体，进行一对一的定制推广。

通过大数据进行精准预测，有助于企业专注于高价值客户群体，通过为其提供优质的产品及服务获得更高的利润回报，显著降低运营成本。

例如，在传统营销推广活动中，企业选择的可能是通过报纸、杂志甚至电视向某一区域内的所有消费者推广，虽然高投入确保了受众群体数量，但因为缺乏针对性，无法为那些真正有购买意愿的用户提供刺激其购买的内容，导致很难达成预期营销目标。然而在大数据精准营销中，企业可以找到那些购物欲望较高的目标用户，并预测其消费行为，降低营销成本的同时，还将显著提高转化率。

进行预测后，企业可以获得目标用户预计购买品类、购买时间、购买量、购买渠道等数据，从而帮助自身更好地优化选品及库存，改造业务流程，提高用户购物体验，促使企业完成从产品本位思维到用户本位思维的转变。

◆ **精准推荐**

精准推荐也是大数据精准营销中的一项重要内容，很多人认为事后分析是大数据对企业最为核心的价值，但事实并非如此，以电商平台Stitch Fix为例，该平台能够为用户自动化地精准推荐个性化服装。

绝大部分服装企业在为用户推荐时，通常都是让用户输入自己的身高、体重、穿衣风格等信息，然后由设计师进行人工推荐，但Stitch Fix不是如此，它利用机器算法为用户进行自动化的精准推荐，通过将用户的身高、体重、穿衣风格、购买记录等数据输入服装推荐模型中，使用户购买到充分满足自身个性化需求的优质商品。

当然，精准推荐是建立在对海量数据进行深入分析的基础之上。在精准推荐的强力支撑下，企业的销售人员能够更专业地向消费者推荐合适的商品，帮助顾客快速高效地制定科学合理的购物决策，使顾客与企业建立良好的信任关系。

第22章
精准投放：程序化广告营销攻略

程序化广告的定义与优势

我国的互联网自出现至今一直在探索中迅猛发展，经过Web时代之后，随着移动终端设备与智能硬件迅猛发展，我国互联网进入了移动互联网时代，这个过程历经十余年。在这个过程中，我国互联网的经营模式逐渐从Web模式转向大数据模式，尤其是在移动互联网环境下，越来越多的平台和商家选择使用大数据模式让用户享受到更加便利的服务。

在大数据领域，国外谷歌、亚马逊等企业早已涉足，国内BAT三巨头也在为大数据的普及应用而努力。经过多年发展，我国企业在大数据应用方面取得了令人瞩目的成就，甚至某些领域已经赶超西方发达国家。近年来，我国程序化广告技术生态基本成形，进入迅猛发展阶段，未来将爆发出巨大影响力。

随着移动互联网的广泛应用，能实现精准投放、随时推广、成本低、互动性好、广告形式多样的移动营销深受广告主喜爱。一方面,越来越多的广告主开始通过程序化广告来增强品牌的影响力;另一方面,数字营销公司开始关注技术、服务、数据的更新与发展。

◆ 程序化广告的定义

程序化广告(Programmatic Advertising)是一种基于数字平台,以用户需求为导向,利用程序自动对广告进行采买、投放,并提供反馈的广告方式。比如,对于一名深受失眠困扰的用户,当他在凌晨通过 App 获取新闻资讯时,后台系统为其推送的广告是和治疗失眠相关的产品;对于一位年轻妈妈用户,当她浏览网页时,后台系统为其推送的广告是奶粉、辅食等各种母婴产品。

收集足够的用户数据,是程序化广告做到精准投放的重要基础。不难发现,在程序化广告的定义中,我们可以找到以下几个关键词。

(1)数字平台。

程序化广告通过 DSP(Demand-Side Platform,需求方平台)和 Ad Exchange(互联网广告交易平台)促成广告交易。DSP 整合了广告网络、广告供应方平台、广告交易平台、媒体库存等多种资源,能够帮助广告商省去复杂烦琐的购买流程;Ad Exchange 则是一种为广告商和媒体平台提供对接服务的开放性广告市场。我们可以通过在菜市场买菜的场景,来理解 DSP 与 Ad Exchange 之间的关系,如果将 DSP 看作买菜的人,则 Ad Exchange 就相当于菜市场。

(2)以用户需求为导向。

在程序化广告中,广告商是为向目标用户展示信息而付费,而不是为某个广告位。为确保用户体验,程序化广告平台系统会尽可能地确保呈现在用户面前的事物符合其需求。程序化广告中的广告主关注的是"将广告投放给合适的目标用户",显然,这比传统广告模式中广告商为争抢"黄金广告位"而投入高额成本要合理得多。

(3)程序自动化。

程序自动化运行,根据广告算法和广告商给出的价格,在毫秒级时间内决定向用户展示哪个广告商的广告。比如,当用户打开某一个存在广告的页面的瞬间,程序化广告便确定了要投放的广告。事实上,这个过程要经过多个步骤:首先是用户信息被传递至供应方平台(SSP),其次由供应方平台将信息提供给DSP,接着DSP进行竞价,最后将竞价胜出的广告展示在用户界面中。

◆ 程序化广告的优势

程序化广告最明显的优势便是广告的精准投放,广告主是为自身的目标用户而付费,而不是广告位。程序化广告算法会利用用户在互联网中的行为和轨迹来给用户贴上各种标签,比如"90后"、旅游、动漫等。除了精准性外,程序化广告还具有以下几种优势。

(1)可以进行跨媒体投放控制,实现用户去重,减少资源浪费。

(2)基于目标用户量确定媒体价格,而不是大流量平台价格就高、小流量平台价格就低。

(3)根据实时投放效果对投放策略进行优化完善。

程序化广告的生态图谱

（1）Ad Exchange，是指互联网广告交易平台，将广告交易的买卖双方联系在了一起。虽然 Ad Exchange 看似和股票交易平台一样，但实际上二者存在很大区别，这种区别主要体现在竞价机制方面。Ad Exchange 的竞价机制是价高者得，为买卖双方服务；股票交易平台的竞价机制是先到先得。

（2）SSP，是指供应方平台（Supply Side Platform）。该平台的主要功能是广告位优化、展示竞价优化、展示有效性优化，主要客户群是广告卖方。在 SSP 平台，网站主或网站代理可以对各自的广告位进行有效管理。消费者一旦浏览网站，相关信息就会被收入 Ad Exchange。

（3）DMP，是指数据管理平台（Data Management Platform）。该平台的主要功能是数据分析、管理与调用，主要客户群是广告交易双方。依托 DMP 平台，广告交易双方可对受众进行深入了解，获取自己所需信息。

（4）DSP，是指需求方平台（Demand-Side Platform）。该平台的主要功能是定向技术、创意优化、自动优化、动态出价，主要客户群是广告买方。在该平台，广告主可对广告受众、广告出价、广告投放标准等信息进行合理设置。

（5）Trading Desk，是指广告商投放数字化广告的工具，通过与多个 DSP 对接实现广告的优化投放。同时，Trading Desk 还可与 Ad Network、PMP 等平台对接。

（6）PMP，是指私有交易市场（Private Market Place）。这是一种将传统的私有交易和程序化广告结合在一起的全新的互联网广告交易形式。在这种交易形式下，广告主预订有字版位，获取优质流量，然后使用程序化的方法对这些流量的广告投放进行管理，实现广告的精准投放，让受众只看到他们感兴趣的广告。

（7）RTB，是指实时竞价（Real Time Bidding）。借助RTB，广告主可利用第三方技术在网站或移动端对每一位用户的展示行为进行评价，然后出价。在实时竞价模式下，无效受众数量大幅减少，只会针对有意义的用户发起交易。

RTB是程序化广告的一种类型，它诱发了一场移动广告领域的革命，备受广告主青睐。在实时竞价机制下，广告主采购的不是广告位，而是用户个体。在用户登录包含RTB广告位的网页后，RTB会申请用户同意获知用户的基本信息，比如身份背景、兴趣爱好、位置、等等，之后就会根据这些信息有针对性地向用户推送广告。如此一来，用户看到的广告不再是单纯的广告，而是一条有价值的信息。

虽然这个过程看起来比较复杂，又要收集用户数据、对数据进行整理分析，又要进行精准化推送，但事实上这个过程瞬间就可完成，体现了程序化的智能性。当然这种广告投放方式最神奇的地方在于，用户看到一则广告并不觉得它是一条广告，而是会认为它是一条有价值的信息，欣然接受。简言之，这种广告投放方式就是让合适的广告在合适的时间呈现在合适的用户面前。

程序化广告的投放流程

品牌程序化广告的特征包括主要包括以下两点：注重广告覆盖广度和深度的双重提升，提高品牌曝光度和美誉度，为品牌积累忠实用户；

自动开展跨屏媒体资源的采购和售卖，注重广告的立体化呈现。

◆ 广告投放流程

部分品牌商是通过自身的广告部门投放广告，部分品牌商则是将广告外包给第三方广告代理公司负责。品牌商/第三方广告代理公司首先需要明确广告投放目的，并选择可以帮助自身进行广告投放和对广告效果进行优化的DSP供应商。DSP供应商想要赢得品牌商或第三方广告代理公司的信任，必须提供专业化、系统化的广告方案，同时在双方确定合作关系后，DSP供应商还要严格按照广告方案执行，并定期向品牌商或第三方广告代理公司提供投放报告。

程序化广告投放流程主要包括以下阶段，如表22-1所示。

表22-1 程序化广告投放的四个阶段

阶段	具体内容
项目计划 （planning）	该阶段由品牌商或第三方广告代理公司挑选DSP供应商或者邀请DSP供应商参加竞标。DSP供应商根据品牌商或第三方广告代理公司的广告目的做竞标演讲，向后者说明自身的服务能力、收费模式等。最终，品牌商或第三方广告代理公司确定合适的DSP供应商
广告提案 （proposal）	和品牌商或第三方广告代理公司确定合作的DSP供应商，根据广告主需求和投放目的准备并提交广告方案，双方对方案确认后正式投放
活动执行 （campaign execution）	在活动执行阶段，DSP供应商需要和品牌商或第三方广告代理公司积极沟通，共同解决执行过程中出现的问题。活动执行分为前期准备和正式投放，前期准备工作具体包括对投放资质和创意进行审核、实现投放平台和第三方技术服务对接等；正式投放具体包括设置广告策略、分析广告投放数据、优化广告投放策略等
项目总结 （project summary）	DSP供应商对整个广告项目进行总结，向品牌商或第三方广告代理公司提交项目报告。报告内容包括分析广告投放方案的优劣、对品牌及目标用户的影响、后续广告建议等

◆ 执行部门与岗位工作职责

DSP供应商在推进广告项目过程中,主要有五个部门参与其中,具体包括客户服务(account)、广告运营(operation)、媒介(media)、产品技术(product technology)及算法(algorithm),如图22-1所示。

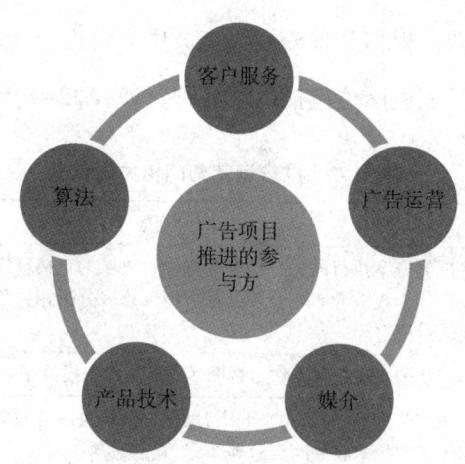

图 22-1　广告项目推进的五大参与方

客户服务部门是DSP供应商和客户沟通的桥梁,代表了客户意志和需求。所以,在推进程序化广告项目的过程中,客户服务部门处于核心环节,其他四个部门需要为其提供支持。

(1)客户服务。和品牌商或第三方广告代理公司交流沟通,为其答疑解惑,并向其他部门传递客户需求。客户服务部门相关岗位包括以下几种,如表22-2所示。

表 22-2　客户服务部门相关岗位

相关岗位	工作职责
客户执行	负责对内和对外的沟通工作,对外与客户沟通、为客户提供方案和报告、收款等;对内促进广告运营团队高效协作,对广告投放进行监督跟进等

续表

相关岗位	工作职责
客户经理	是客户执行的直属上级，对外负责客户关系管理、客户意见收集；对内负责对客户执行日常工作进行监督管理
客户总监	是客户经理的直属上级，负责整个客户服务部门的管理工作，必须具备全局性思考能力和灵活应变能力

（2）广告运营。根据品牌商或第三方广告代理公司要求执行广告方案。广告运营部门相关岗位包括以下几种，如表22-3所示。

表22-3 广告运营部门相关岗位

相关岗位	工作职责
优化师	优化师是广告方案执行的关键，是广告投放效果的直接责任人，负责制定广告策略、设计广告投放方案、合理分配广告预算、分析相关数据并对广告策略和投放方案进行调整等
产品运营	产品运营需要配合优化师工作，帮助他们解决广告投放相关问题
技术运营	技术运营负责帮助客户执行方案和帮助优化师解决广告方案执行过程中的代码优化，与第三方技术服务商沟通等
设计师	绝大部分品牌商设计了标准化的企业VI（Visual Identity，视觉识别）规范，所以，DSP供应商的设计师需要根据该规范设计广告创意

（3）媒介。媒介主要负责引流，和广告交易平台谈判、对接等。在品牌商投放程序化广告过程中，可能会涉及多种投放模式。这就意味着DSP供应商需要和多家广告交易平台进行谈判，确定广告的流量、价格等。

（4）产品技术。DSP供应商的产品技术部门存在多个和品牌商投放程序化广告相关的岗位，比如，负责对相关技术开发进行统筹管理的项目经理；负责设计广告投放系统的产品经理；负责对系统进行开发、维护，以及和第三方技术服务对接的开发人员等。

（5）算法。算法相当于程序化广告的"智能大脑"，它可以对程序化广告投放整体流程数据进行分析和发掘，为其他部门的工作提供有效指导与帮助。

程序化广告的投放策略

在投放程序化广告时，很多品牌商往往在投放渠道选择、广告类型选择等方面遭遇诸多烦恼。从实践经验来看，没有适合所有品牌商的投放渠道和广告类型，要想达成预期投放目标，品牌商必须充分考量目标用户特性、广告预算、广告目的等多种因素，最终制定个性化、差异化的广告投放策略。

◆好的广告创意不可或缺

创意是影响广告投放效果的关键因素，能够吸引消费者购买、传播。在程序化广告中，后台系统通过大数据、智能算法等对广告创意和目标用户进行匹配，至于最终能否取得良好效果，关键还在于广告创意本身能否打动用户。如果广告创意不够吸引人，即便技术再先进，也只是在浪费资源。

◆正确进行精准广告定位

精准定位是程序化广告能够达成预期目标的基础和前提。为此，品牌商需要对用户群体进行精准细分，结合用户的身份、购买力、行为、兴趣等，确定合适的目标用户，在此基础上明确广告主题等。

需要指出的是，部分程序化广告平台分析用户时，仅是对用户的上网历史轨迹进行分析，因为数据维度不足，导致分析结果可能和实际存在较大的偏差。所以，品牌商投放程序化广告时，不应该对平台方过度依赖，特别是对目标用户定位等关键环节，品牌商应该尽可能地参与其中。

◆ 设置合理的KPI目标

本质上，程序化广告仅是诸多广告形式之一，有一定的适用范围，品牌商希望用程序化广告解决所有营销问题的想法是不现实的。所以，为程序化广告设置科学合理的KPI指标，是很有必要的。如果品牌商盲目追求KPI，很容易引发程序化广告平台为完成指标而对数据造假的短期行为，不但造成营销资源浪费，而且损害品牌形象。

◆ 选择合适的精准广告投放平台

广告需要借助广告投放平台呈现在用户面前，所以平台的选择也很重要。选择平台的第一要义是平台是否存在足够的目标用户。有些平台用户规模、在线时长、打开频率等数据表现非常优异，但这并不意味着品牌商就要选择这种平台投放广告，因为这些平台的用户可能不是品牌商的目标用户，比如，一家美妆品牌在某个以男性玩家为主的游戏论坛中投放广告的做法是相当不明智的。

除了平台存在足够的目标用户外，品牌商还应该考虑以下因素，如表22-4所示。

表22-4 品牌商需要考虑的三大因素

考虑因素	具体内容
技术实力	以对虚假流量进行规避等反作弊技术为例，数据造假是互联网广告的一大痛点，而且大部分情况下，由于取证困难，品牌商即便知道广告平台数据造假，也很难采取有效的反制手段。所以，为避免数据造假，品牌商应该选择那些反作弊技术能力强、已经建立了防作弊体系的平台进行合作

续表

考虑因素	具体内容
拥有丰富的数据资源和强大的数据处理能力	没有数据的支持,算法根本无法发挥作用,广告投放也将缺乏精准性。所以,是否拥有足够的数据资源和强大的数据处理能力,也是品牌选择程序化广告平台的重要因素
服务能力	程序化广告平台的服务能力包括为客户提供优秀的解决方案、反馈建议,出现问题后耐心细致地帮助客户解决问题,直到客户满意为止等

◆ **与第三方监测机构进行紧密合作**

为了确保程序化广告投放效果数据的真实性、有效性,品牌商可以和第三方检测机构进行合作来获取相关数据,并根据这些数据对广告策略及方案进行调整。

程序化广告的效果评估

通过对用户数据的收集、分析和发掘,实现广告精准投放的可行性,已经在很多品牌营销案例中得到了证明。现有广告技术已经可以根据用户电商、出行、社交等多方面的数据,自动生成较为客观的用户画像,从而向用户推荐符合其个性需求的产品和服务。这就为程序化广告的发展与应用提供了优良的技术条件。

对品牌商而言,投放程序化广告是为了追求良好的广告效果。判断广告效果的优劣不能单凭程序化广告平台的"一家之言"。品牌商应该建立完善的广告效果评估体系,来对程序化广告效果进行量化考核,从而清晰、直观地判断广告投放价值。

广告效果是指广告信息通过广告媒体传播后造成的社会影响和效

应。广告效果有狭义和广义之分，狭义上的广告效果是指广告传播创造的直接经济效益（比如促进产品销售）；广义上的广告效果则是指广告活动目的的实现程度，是广告信息传播产生的一系列直接变化和间接变化，包括经济效益、心理效益和社会效益。

从目标受众受广告影响程度角度上来看，我们可以将广告效果分为以下几种，如表22-5所示。

表 22-5 广告效果的三大类型

类型	具体内容
传播效果	广告传播效果既包括广告传播的广度，也包括广告传播的深度，受曝光量、曝光频率、曝光质量等多种因素的影响
心理效果	广告心理效果是指目标用户受广告影响，而产生的认知、心理、态度变化等，比如，用户从"没听说过某品牌"到"对品牌有深刻印象"；从"对某产品不感兴趣"到"非常感兴趣"；从"不想体验"到"可以试试"等
行为效果	广告行为效果是指目标用户受广告信息传播而产生的各种行为，比如点击、分享、评论、收藏、购买等，主要影响因素有广告创意、产品价值、场景体验

很多品牌商在评估程序化广告效果时，往往以结果为导向，即通过曝光量、点击量、购买量等数据判断广告是否有价值。这种评估方式的优势在于，有明确的评估目标且导向性强，但其短板也是非常明显的，比如，促使程序化广告平台为达成广告目标而不择手段（发布违规信息吸引用户关注），从而损害品牌的长期利益。

此外，从上网习惯角度来看，人们很难长时间对某一界面保持较高的关注度，这决定了品牌商通过某种单一渠道或最终数据来评估广告效果是不明智的。更为合理的方案是，分析广告在不同阶段的效果表现，在此基础上开展综合性评估。当然，这可能需要建立全触点、全方位的归因分析模型。

第八部分　智慧营销篇

◆苏宁：数字广告实践与启示

对于很多大型企业来说，数字营销的作用极大，获得的认可度也更高。比如，此前苏宁推出了"8.18发烧节"，在此期间，借助AdMatrix-DSP平台，海信精准定位自己的目标消费群体，使目标消费群体的参与度得以有效提升，让此次活动的影响力实现了最大化。

根据以往的平台投放经验，DSP投放非常适合应用在电商领域，在各大网购节日、网店推广的支持下，DSP投放可直接引导消费者在线上消费，提升品牌的曝光度，实现更好的引流。从产品特性来看，海信非常适合采用这种方式开展营销。

首先，利用Atlas大数据平台，通过人群身份、兴趣爱好、购买倾向三要素分析对"海信苏宁狂欢日"活动的目标受众群体做出精准定位；其次，以AdMatrix-DSP平台为依托开展策略投放，通过地域定向、媒体圈定向、阶段优化、创意优化、频次控制五步让广告在PC端、移动端投放，使广告效果与目标受众群体的诉求相契合，获得了超预期的点击量。

在整个过程中，海信先是通过优质的媒体界面曝光品牌，塑造海信中高端家电品牌的形象；然后利用低价策略直击消费者的需求痛点，以实现销售转化，最终获得超预期的点击量。在广告投放期间，移动端获得了大约1.5%的平均点击。

"海信苏宁狂欢日"营销活动将人、生活、商业有机融合在了一起。首先，该活动的点击量、曝光量实现了大幅提升，让用户知晓品牌口碑，使目标消费群体对品牌的忠诚度得以大幅提升。其次，用户对线上活动的参与度大幅提升，使品牌在主流平台上的互动率、关注度得以有效维持。最后，通过这场主题营销活动，海信健康优质生活的品牌理念及其家电产品得以推广，用户对海信家电产品的认知与偏好得以提升，最终增强了用户对海信这个品牌的黏性与忠诚度。

在这场主题营销活动中，以精准的人群定向和广泛的广告曝光度为基础，ROI转化做出了良好表现，使活动覆盖面得以有效拓展，让用户对海信这个品牌留下了更深刻的印象，从而实现了有效转化。

在数字营销时代，企业的核心竞争力将转变为技术，企业所有的营销行为都要建立在大数据的基础上，价值最大化的前提下。在大数据技术支持下，以跨屏多屏业务模式为依托，整个广告过程可实现联动。

利用核心技术对品牌行业相关度、受众偏好相关度等因素进行综合评价，按照多元化、多层次、多维度的标准对优质效能媒体进行科学整合。这种方式既可对目标受众群体进行规模覆盖，又可让整个传播过程相互配合、衔接，将广告效能充分发挥出来。在精准的用户行为画像和新媒体定向广告投放体系的支持下，企业可面向每位用户制定以"人"为本的广告传播策略。

当然，现阶段，国内数字营销企业的规模都比较小，国内企业对数字营销的认可度、接受度都不太高。但将来，随着数字营销服务越发智慧化，数字营销效能越发精准，数字营销将使企业的营销管理彻底颠覆。

第23章
App广告：移动时代的营销策略

App广告的投放形式与优势

App广告指的是通过智能移动终端上的应用程序播放的广告，是一种新型的广告形式，以手机应用程序为依托开展交互式的广告活动，不仅可以降低用户对广告的抵触情绪，而且可以方便用户与广告互动。App广告是移动互联网发展到一定阶段的产物，因为App具有实用、精准、创新等特点，所以以App为依托的App广告也具备了精准性、移动性、碎片化、互动性、长尾性等特征。

◆ **App广告投放的主要形式**

App广告投放有三种形式，如表23-1所示。

表 23–1 App 广告投放的三种形式

投放形式	主要优点
Banner 广告	现阶段，手机广告最常用的广告形式就是 Banner 广告。在 Admob 时代，Banner 广告被广泛模仿，广告内容只需一个很小的空间就能展示出来，适用范围极广，适用性极强
插播广告	App 在页面加载的过程中可以插播广告。插播广告不仅对页面加载的空白时间进行了充分利用，还缓解了用户的紧张情绪，提升了广告展示效果
积分墙广告	已有虚拟货币系统的 App 适合使用这种类型的广告。用户只有主动激活才能调用积分墙广告，所以这种形式广告的转化率极高

◆ App 广告投放的优势

App 广告既具有传统广告的优势，又具备一些广告主比较看重的特性。正是基于这些特性，App 广告才能得以快速发展。例如，App 广告可以面向用户群体进行精准投放，降低广告投放成本；可以对用户群体进行细分，带给用户更好的观看体验；可以对广告的表现形式进行创新，增强对用户的吸引力，保证推广效果。

（1）有温度的精准传播。

接入移动互联网的智能手机让人们可以随时随地获取自己感兴趣的内容，媒介消费需求显著增长，手机的私密性也使人们更容易对手机端的媒介内容产生信任。在 App 中投放广告具有高精准度、竞争较小、呈现形式丰富等优势，而且针对消费者的特定场景需求，可以设计具有情感与温度的 App 广告，从而真正打动用户，促使其购买并传播。

以德国汉莎航空推出的创意闹钟 App 为例，该 App 不仅为用户提供了基本的闹钟服务，还让顾客参与竞猜闹钟音乐和哪个城市密切相关，在规定时间内回答正确的用户有机会获得该城市的免费机票，这不但为用户带来了诸多便利，也提高了汉莎航空的知名度。

（2）个性化的内容定制。

自媒体时代强调双向互动，而不是单向传播，每个人都是信息创造者、消费者、传播者，信息传播渠道及媒介垄断被打破。每个人都有可能凭借发布优质内容而在短时间内成为焦点，同时，人们积极参与到信息传播中来，这种情况下，传统的营销推广策略自然变得不再适用。

企业可以通过对App用户相关数据进行充分收集与分析，掌握其个性化的消费需求，在此基础上，对目标用户进行精准定位，并为其定制生产个性化内容，从而确保达成预期营销效果。

以卡夫卡食品公司推出的"iFood助手"App为例，卡夫卡结合用户在App中浏览的相关内容，为其推送由公司优质食材制作的个性化食谱，在满足人们对各种美食消费需求的同时，也有效促进了公司产品销量。

（3）低成本、高收益。

当然，和自建App相比，很多企业更倾向于在第三方App上投放广告，企业只需要向App运营方支付一定的广告费即可，营销成本较低。App广告可以直达购买页面，基于用户对App的信任引导消费者购买转化，而且App用户之间沟通交流较为频繁，能够促使企业的产品及品牌实现大范围的传播推广。

Strategy Analytics近期发布的调查报告显示，美国和西欧市场中，App为移动市场贡献了80%的流量，企业在App内投入的广告成本和移动网页显示广告之间的差距越来越小，App广告成为移动广告行业增长的核心驱动力。

App广告投放的主要策略

移动App广告的投放既要考虑盈利模式，又要兼顾用户体验，可以立足于整个产业链，从广告主需求与用户需求出发，创新广告内容与广告表现形式，充分发挥自身优点，切实提高广告投放效果。具体来看，App广告投放要遵循以下策略。

◆借助UGC实现信息精准传播

App广告可以对目标用户进行精准定位，而且App自成闭环生态，能够帮助企业提高用户忠诚度。传统媒体时代，报纸、杂志、电视、广播等传统媒体垄断了信息传播，大众信息生产、消费及传播需求被极大地抑制。进入自媒体时代后，层出不穷的新媒体使这一问题得到有效解决，大众信息需求在短时间内集中爆发。

企业可以充分利用UGC（用户生产内容）模式，鼓励用户生产并传播自身感兴趣的内容，引导人们对企业的营销内容进行再加工，并在社交圈内传播分享，帮助企业进行口碑传播。

◆借助富媒体提升用户体验

富媒体是一种将文字、图像、音频、视频等多种媒体组合起来的媒体形式。富媒体广告在提高用户体验方面具有明显优势，可以在App的启动、切换等场景中投放。以在游戏类App中投放富媒体广告为例，企业可以和App运营方合作，用户在App中观看企业投放的广告将获得一定的奖励道具，或将企业产品或品牌作为一个游戏中的道具，在确保用户体验的同时，还能快速将营销内容推广至目标用户。

此外，企业通过LBS、AR/VR、二维码扫描等技术来丰富App广告表现形式，也是十分有必要的，新生事物层出不穷的移动互联网时代，人们对同一件事物的关注时间越来越短，企业需要通过应用新技术给用户带来新鲜感，刺激用户消费欲望。

以渣打银行（Standard Chartered Bank）的"Breeze Living"App为例，该App通过应用LBS及AR技术，让用户能够通过智能手机获取虚拟风筝中的优惠券，购买银行合作商户的产品及服务时，凭借此优惠券将获得较大折扣。

◆ **建立效果评估监测体系**

以营利为目的的企业自然会对广告效果高度重视，此前，在传统媒体中投放广告，很难让企业对广告效果进行实时监测，无法了解广告具体为企业带来了多少流量、交易额等。而在App广告中，这一问题将得到有效解决，企业可以通过建立效果评估监测体系，利用专业技术与工具对广告效果进行实时监测，并根据广告效果优化广告方案，确保达成预期营销效果。

App广告未来的发展策略

◆ **借力移动广告平台**

丰富多元的App产品，给人们的生活与工作带来了诸多便利，在使用App过程中，人们会逐渐养成使用习惯，而习惯一旦养成又很难被改变。所以，在App中投放广告，已经成为一种主流的营销手段。

移动广告平台是App广告的重要参与者，它能为广告主和App开发者提供对接服务。App开发者下载移动广告平台提供的SDK（Software Development Kit，软件开发工具包），使用其中的工具完成各种App产品开发，并通过代码将广告植入App。当用户使用这些App时，广告便有机会展示在用户面前。未来，品牌商可以和那些信誉良好、提供专业服务的移动广告平台建立长期合作关系，以便将自身的产品与服务快速推送至目标客群。

◆ 优化广告收费模式

App广告收费模式非常多元化，常见的收费模式包括以下几种，如表23-2所示。

表 23-2 App 广告的四种收费模式

收费模式	计费方法
CPC（Cost Per Click，每次点击付费）	当用户点击App页面中的广告后，品牌商便要向应用开发者或广告商付费
CPA（Cost Per Action，每行动成本）	当用户因App页面中的广告而产生注册、咨询、收藏等行为后，品牌商便要向开发者或广告商付费
CPM（Cost Per Mille，每千人成本）	即每1000人看到App广告的价格
CPS（Cost Per Sales，按销售额付费）	即根据App广告带来的实际销售额付费

公平公正的广告收费模式，是App广告长期稳定发展的重要基础。上述几种收费模式仍存在一定的不足，未来，随着App广告日趋完善，将会涌现出更多的新型收费模式，使品牌商和广告商之间的价值交换更为公正、更有效率。

◆ 创新广告表现形式

随着物质与精神生活越发丰富，人们对广告的审美要求也在持续提升。而我国现行 App 广告表现形式较为单一，缺乏交互性、体验感，特别是弹窗广告令用户积怨颇深。和我国相比，广告业更为发达的美国创造了丰富多元的 App 广告表现形式，比如音视频富媒体、全屏插页、HTML5 等。所以，为达成预期广告效果，未来，我们需要开发更为多元化、个性化的 App 广告表现形式。

◆ 细化广告目标受众

智能手机、Pad 等移动终端的广泛应用，为商家全面收集用户行为和轨迹数据提供了诸多便利。同时，大数据、人工智能等技术可以帮助商家对用户数据进行分析和挖掘，从中找到用户的兴趣爱好、消费习惯、潜在需求等。在此基础上，品牌商便可以对用户进行细分，提高 App 广告投放的精准性，甚至实现"千人千面"的定制投放。

◆ 完善用户体验效果

有良好体验的 App 广告才能吸引用户关注。在人们时间与精力被过度分散的背景下，要想达成良好的广告效果，最基本的就是为用户创造优良体验，否则即便广告做得再精美，也无法实现其价值。因此，未来的 App 广告不但要注重广告创意、广告表现形式，更强调广告页面舒适度、增加互动性、保护用户隐私等细节。只有这样，品牌商才能赢得用户的支持与信任，并为自身开展用户全生命周期管理奠定良好基础。